애덤 스미스 씨, 경제를 부탁해!

애덤 스미스 씨, 경제를 부탁해!

국부론부터
암호화폐까지
인물로 읽는 경제사

박정현 지음

다른

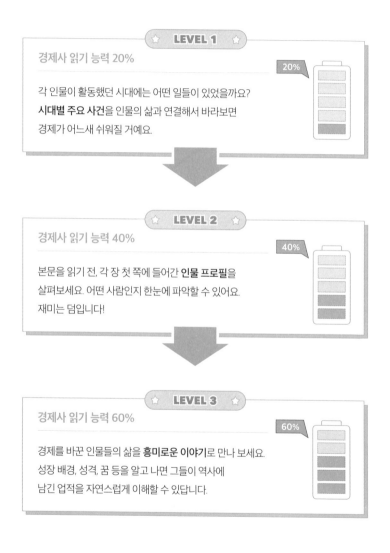

LEVEL 1

경제사 읽기 능력 20%

20%

각 인물이 활동했던 시대에는 어떤 일들이 있었을까요?
시대별 주요 사건을 인물의 삶과 연결해서 바라보면
경제가 어느새 쉬워질 거예요.

LEVEL 2

경제사 읽기 능력 40%

40%

본문을 읽기 전, 각 장 첫 쪽에 들어간 **인물 프로필**을
살펴보세요. 어떤 사람인지 한눈에 파악할 수 있어요.
재미는 덤입니다!

LEVEL 3

경제사 읽기 능력 60%

60%

경제를 바꾼 인물들의 삶을 **흥미로운 이야기**로 만나 보세요.
성장 배경, 성격, 꿈 등을 알고 나면 그들이 역사에
남긴 업적을 자연스럽게 이해할 수 있답니다.

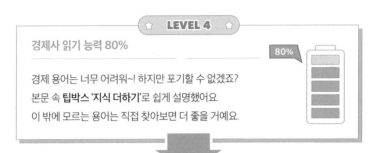

LEVEL 4

경제사 읽기 능력 80%

경제 용어는 너무 어려워~! 하지만 포기할 수 없겠죠?
본문 속 **팁박스 '지식 더하기'**로 쉽게 설명했어요.
이 밖에 모르는 용어는 직접 찾아보면 더 좋을 거예요.

LEVEL 5

경제사 읽기 능력 100%

각 장 끝에 들어간 **'경제 이야기 속 역사 읽기'**를
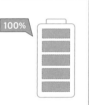
읽어 보세요. 경제 책을 읽었는데 역사 지식까지 쌓이는
일석이조의 효과!

레벨 마스터

어디 가서 경제 좀 안다고
말해도 좋습니다!

경제는 어떻게 발전해 왔을까?

start!

18세기 후반
산업혁명
시작

1817
미국
뉴욕증권거래소 창설

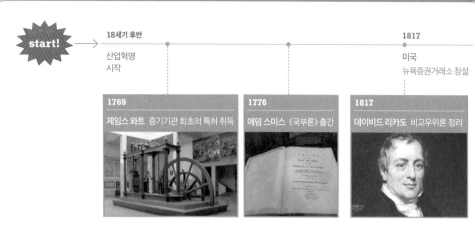

1769
제임스 와트 증기기관 최초의 특허 취득

1776
애덤 스미스 《국부론》출간

1817
데이비드 리카도 비교우위론 정리

1978
제2차 석유파동

1973
제1차 석유파동

1950
한국
6·25전쟁

1944
브레턴우즈 협정

1979
덩샤오핑 미중 수교

1947
조지 마셜 마셜 플랜 제창

Whatever the weather
We only reach welfare
together

1995
세계무역기구
(WTO) 출범

1997
한국
IMF 외환위기

2001
미국
9·11 테러

2008
세계 금융 위기

1999
마윈 알리바바 창립

Alibaba.com

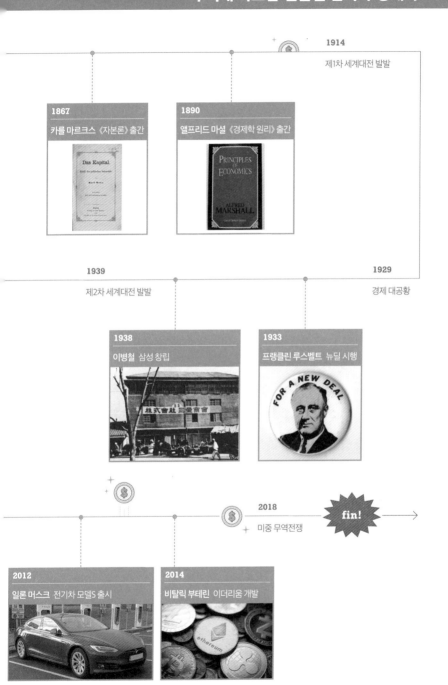

✦ 이 책에 나오는 인물별 업적과 경제사

1914
제1차 세계대전 발발

1867
카를 마르크스 《자본론》 출간

1890
앨프리드 마셜 《경제학 원리》 출간

1939
제2차 세계대전 발발

1929
경제 대공황

1938
이병철 삼성 창립

1933
프랭클린 루스벨트 뉴딜 시행

2018
미중 무역전쟁

fin!

2012
일론 머스크 전기차 모델S 출시

2014
비탈릭 부테린 이더리움 개발

차례

1

자본주의

국부론

게임메이커

1723~1790

애덤 스미스

애덤 스미스

Adam Smith

보이지 않는 손에
감동할 준비 됐니?

프로필		대표 이력
출생·사망	1723년~1790년	《도덕감정론》
국적	영국	《국부론》
직업	철학자, 경제학자	
특이사항	경제학자인 줄 몰랐던 경제학자	

관계성

찰스 톤젠드 #높으신_분 #학부모와_선생 사이

프랑수아 케네 #프랑스에서_만난_인연 #경제는_말이야

재미로 보는 인물 그래프

사교성 · 노력 · 수명 · 행복 · 천재성

오늘날 우리는 자본주의 체제 위에 살아가고 있다. 자본주의는 일종의 게임으로, 게임 방법은 간단하다. 각자 능력을 발휘해 하고 싶은 일을 하고 돈을 벌며 행복하게 살면 된다. 일반적인 게임과는 달리 승자와 패자가 없다. 그러니 이기고 지는 것을 걱정할 필요 없이 자기 삶을 꾸려 가면 된다.

자본주의 게임은 무수히 많은 규칙으로 굴러간다. 그중 기둥이 되는 두 가지 규칙이 있다. 하나는 자유고 다른 하나는 경쟁이다. 물론 이 규칙이 처음부터 존재했던 것은 아니다. 자본주의가 맨 처음 생겨났을 때는 모두가 똑같이 참여할 수 있는 게임이 아니었다. 오직 소수의 사람들에게만 자유롭게 돈을 벌고 경제적 자유를 누릴 권리가 있었다.

18세기 영국의 어느 학자는 이런 불공정한 현실에 불만을 가졌다. 그리고 역사상 최초로 자본주의 사회를 체계적으로 분석하고 규칙을 정리했다. '경제학의 아버지'라 일컫는 애덤 스미스가 그 주인공이다.

철학자, 경제에 눈뜨다

스미스는 1723년에 영국 스코틀랜드의 소도시에서 태어났다. 어려서부터 사람들의 마음에 관심이 깊었던 스미스는 대학에서 윤리철학을 공부했다. 강의 솜씨가 좋았던 덕분에 1751년에는 글래스고 대학교의 도덕철학과 교수로 임명됐고 유창한 강의로 학생들의 인기를 독차지했다. 그런 스미스의 마음속에는 늘 한 가지 질문이 따라다녔다.

'인간은 모두 이기심을 갖고 있는데 세상의 질서는 어떻게 유지되는 걸까?'

그는 오랜 고민 끝에 답을 찾았다. 바로 누구나 가슴속에 품고 있는 도덕 감정, 즉 '공감'이었다. 공감은 상대 입장에서 똑같이 느끼고 생각하는 능력이다. 신분이 높든 낮든, 교육을 받았든 못 받았든 인간이라면 누구나 역지사지의 심성이 있다. 이런 마음에 의해 세상의 질서가 유지된다는 것이 스미스의 생각이었다.

사람은 결코 혼자서는 살아갈 수 없다. 그래서 아무리 이기적인 사람이더라도 타인과 어울리기 위해서는 자신의 이기심을 조절할 수밖에 없다. 이렇게 사람의 마음에는 자신과 타인의 행동을 관찰하는 또 하나의 자신이 들어선다. 스미스는 이를 가리켜 '공평한 관찰자'라 했다. 이러한 생각을 정리한 책 《도덕감정론》은 베스트셀러가 됐고 그는 유명해졌다.

명성이 퍼지자 영국의 재무장관이었던 찰스 톤젠드는 스미스에게 아들의 가정교사가 되어 달라고 부탁했다. 당시 귀족들 사이에는 그랜드 투어가 유행하고 있었다. 귀족 자제들이 지식인과 함께 몇 년씩 여행을 다니며 세상을 배우는 일종의 고급 과외였다. 스미스로서는 대학교 교수로 버는 돈의 2배인 연봉과 평생 연금을 준다는 파격적인 조건을 마다할 이유가 없었다. 그래서 톤젠드의 아들과 유럽으로 그랜드 투어를 떠났다.

철학자였던 스미스가 경제에 관심을 갖게 된 것은 이 무렵의 일이다. 3년 동안의 여행이 막바지에 이르러 프랑스에 머물던 때였다. 스미스는 프랑수아 케네를 만나 깊은 교류를 나누었다. 프랑스의 대표적인 중농주의 경제학자였던 케네는 농업이 살아야 경제가 살며 정부는 여기에 간섭하지 말아야 한다고 주장했다. 케네의 사상에서 영감을 얻은 스미스는 그랜드 투어를 마치고 고국으로 들어와 책을 쓰기 시작했다. 개인의 자유로운

지식 더하기

프랑수아 케네

프랑스의 유명 의사이자 경제학자다. 농부의 아들로 태어나 외과 의사가 된 케네는 신체의 혈액순환과 국가 경제의 흐름을 비교하는 독창적인 연구를 내놓았다. 《경제표》에서 케네는 농업만이 부를 창조할 수 있다고 주장했다. 하지만 이는 당시 변화하는 시대 상황을 잘못 꿰뚫어 본 결과였다. 이미 세상은 농업 사회에서 산업 사회로 접어들고 있었다.

애덤 스미스

《국부론》표지
이 책은 오늘날 자본주의의 토대를 마련했다.

경제활동이 이루어지는 세상에 대한 책이었다. 이 책이 오늘날
자본주의 설명서라 부르는 《국부론》이다.

내가 경제학자라니?

아마도 스미스는 죽을 때까지 자신이 경제학자란 사실을
몰랐을 것이다. 그가 살았던 18세기에는 아직 경제학의 개념조
차 만들어지지 않았다. 스미스는 의도치 않게 후세에 경제학의
아버지가 됐다. 그의 저서 《국부론》 덕분이다.

《국부론》은 자본주의의 토대를 마련한 기념비적인 도서였

다. 하지만 스미스가 살았던 18세기 영국에선 사회질서를 발칵 뒤집는 파격적인 도전에 가까웠다. 스미스는 책에서 개인의 자유를 강하게 주장했는데 이때는 아직 절대왕권이 존재하는 왕정 국가였기 때문이다.

당시에는 금덩어리가 많아야 부자 나라가 된다고 생각했다. 그래서 정부는 금을 악착같이 모으기 위해 직접 경제활동을 지휘했다. 이를 '중상주의'라고 한다. 그러나 스미스의 생각은 달랐다.

'일부 지배 계급만 경제적 자유를 누리는 상황에서는 결코 부자 나라가 될 수 없어. 진정한 부자 나라는 국민이 쓸 수 있는 물건이 많이 생산되는 나라야. 이제 정부는 더 이상 간섭하지 말고 개인에게 돈 벌 자유와 경쟁할 기회를 줘야 해. 인간의 이기심이 알아서 국가의 부를 늘려 줄 거야.'

스미스의 생각에 세 가지 질문을 던져 보자.

첫째, 이기심이 어떻게 국가의 부를 늘린다는 걸까? 동네 빵집을 생각해 보자. 빵집 사장은 세상의 굶주림을 없애겠다는 숭고한 정신으로 일을 하고 있을까? 아니면 맛있는 빵을 팔아서 많은 돈을 벌 생각으로 일을 하고 있을까? 장사하는 사람이라면

애덤 스미스

당연히 돈을 벌겠다는 사적인 욕심이 더 클 것이다. 이런 이기심 덕분에 맛있는 빵, 멋진 자동차가 세상에 쏟아져 나오고 사회가 발전해 왔다.

둘째, 개인의 욕망과 이기심을 내버려 두면 사회질서가 엉망이 되지 않을까? 스미스는 다행히 '보이지 않는 손'이 있어서 괜찮다고 했다. 빵집 사장이 욕심에 빵값을 2배 올렸다고 하자. 손님들은 더욱 저렴한 빵집으로 갈 테니 사장은 도로 빵값을 내리거나 가게 문을 닫게 될 것이다. 그 누구도 사장에게 명령하지 않았다. 그저 보이지 않는 손이 저절로 작용한 결과다.

셋째, 생산량을 늘리는 게 부자 나라가 되는 방법이라면 어떻게 생산량을 충분히 늘릴 수 있을까? 옷핀 공장을 방문한 스미스는 '분업'에서 해답을 찾았다. 당시 공장 노동자 1명은 하루에 옷핀 20개를 만들었다. 10명이 일하는 공장에서는 총 200개가 생산되는 셈이었다. 그런데 옷핀 만드는 과정을 10단계로 쪼개서 일을 맡겼더니 하루에 약 4만 8,000개를 생산했다. 분업으로 생산성이 폭발적으로 늘어난 것이다.

《국부론》의 내용은 정치에 반영됐고 영국 경제는 산업혁명과 맞물려 큰 발전을 이루었다. 국민은 정부의 간섭에서 벗어나 뜻대로 경제활동을 할 수 있게 됐다. 이 시대를 가리켜 '자유방임주의'의 시대라 한다.

보이지 않는 손은 만능이 아니야

시장을 자유에 맡기는 분위기가 퍼지자 함박웃음을 짓는 자들이 생겨났다. 그동안 정부의 간섭에서 자유롭지 못했던 중소 상인들이었다. 이제 마음껏 사업을 벌이고 이익을 추구할 기회를 얻은 그들은 큰 부를 쌓았다. 또한 자유 무역이 확대되자 훨씬 다양한 물건들이 생산되고 유통되기 시작했다. 과연 스미스의 말대로 정부가 꼬치꼬치 끼어들지 않으니 경제가 더 나아지는 듯했다.

하지만 시간이 흐르며 스미스가 우려하던 일이 펼쳐졌다. 이기심이 변질되기 시작한 것이다. 스미스는 모든 인간에게 이기심을 조절하는 공평한 관찰자가 있다고 했지만 예외도 있었다. 어떤 이들은 자신의 이익을 위해서라면 시장의 규칙을 어겼다. 여러 부작용 중에서도 스미스가 가장 우려했던 것은 독점 기업의 등장이었다. 독점 기업은 자본주의 게임에서 가장 중요한 규칙 중 하나인 경쟁을 하지 않는다. 마음만 먹으면 얼마든지 소비자를 무시하고 가격을 터무니없이 올릴 수 있다.

피해는 고스란히 국민들이 떠안게 됐다. 노동자의 삶은 이전과 비교해서 나아진 게 없었다. 국가의 개입이 없으므로 빈부 격차는 나날이 심해졌고 사회에는 혼란이 쌓여 갔다. 스미스는 자본주의 경제가 발전하면 모두가 일을 하며 잘살게 될 것이라고 예측했지만 현실은 그렇지 않았다. 노동자들에게 경제 발전의 혜택은 그저 그림의 떡이었다.

혼란을 방치했기 때문일까? 19세기 후반에 이르자 자본주의 게임에 '경제 공황'이라는 버그가 생겼다. 보이지 않는 손은 이러한 결함을 해결하기에 역부족이었다. 자유방임주의가 만능이 아니라는 사실을 깨달은 유럽 국가들은 다시 **보호무역주의**로 돌아가 경제에 개입하기 시작했다. 특히 연료를 확보하고 제품을 판매하기 위해 식민지 쟁탈전에 뛰어들었다. 본격적인 제국주의 시대가 열린 것이다.

'제국주의'란 힘 있는 나라가 경제력과 군사력을 내세워 다른 나라를 차지하려는 사상을 의미한다. 영국, 프랑스 등 열강은 점점 더 넓어지는 식민지의 경제를 효율적으로 관리하고 싶어했다. 그래서 소수의 기업과 결탁해 경제활동을 독점했다. 유럽 대륙은 스미스가 등장하기 전의 모습으로 되돌아갔다.

💰 **지식 더하기**　　　　　　　　　　　　　　　　⊗ ⊖ ⊗

보호무역주의
외국과 무역할 때 수입되는 상품과 서비스에 밀려 자국 산업이 피해를 입을 수 있다. 그래서 각국 정부는 무역에 개입해 자국 산업을 보호하고자 한다. 가장 대표적인 방법이 수입품에 부과하는 세금인 관세다. 관세로 수입품의 가격이 비싸지면 자국 제품은 경쟁에서 상대적으로 유리해진다.

이처럼 자본주의 게임은 시대에 따라 그 모습이 조금씩 바뀌어 왔다. 보이지 않는 손에 모든 것을 맡겨 버린 초기 버전이 실패로 돌아가자 정부가 개입하는 새로운 버전이 등장했다. 하지만 버그가 생기기는 마찬가지였다. 오늘날 최신 버전은 스미스의 자유방임주의를 기본으로 하되, 정부가 나서서 버그를 관리하는 모습을 하고 있다. 이것이 인류가 지난 세월 동안 숱한 시행착오를 겪으며 터득한 가장 알맞은 방법이다.

공감은 사치 아닌 필수

여러분은 10억 원이 생긴다면 죄를 짓고 1년 동안 교도소에 갈 수 있을까? 아마 돈과 양심 사이에서 고민하는 사람이 많을 것이다. '2019년 청소년 정직지수 조사'에 따르면 놀랍게도 우리나라 중학생의 49퍼센트, 고등학생의 57퍼센트가 "10억 원을 주면 교도소에 가겠다"라고 대답했다. 돈만 벌 수 있다면 사회질서를 해치는 일쯤은 기꺼이 할 수 있다는 의미였다.

만약 스미스가 이 조사 결과를 들었다면 어떻게 반응했을까? "인간의 이기심이야말로 경제 발전의 원동력이고말고. 학생들 대답을 들으니 대한한국의 미래는 밝겠구나"라며 고개를 끄덕였을까? 그렇지 않다. 오히려 펄쩍 뛰며 화를 냈을 것이다.

스미스는 이기심만 강조한 적이 없다. 그보다 먼저 공감을 강조했다. 인간의 이기심이 긍정적으로 작용할 수 있는 것도 공감이 밑바탕에 있기에 가능한 것이다. 그러나 위의 조사 결과에서 우리는 공감을 찾아볼 수 없다. 나의 행복을 위해서라면 다른 사람의 행복은 희생돼도 좋다고 생각하는 이기심만 있을 뿐이다.

인간은 공감 능력을 타고난다고 한다. 우리 뇌에는 다른 사람의 움직임을 흉내 내고 비슷한 반응을 보이려고 하는 거울 신경세포가 있다. 엄마가 울면 아이가 따라 우는 것도, 어려운 사람을 보면 짠한 마음이 드는 것도 거울 신경세포 덕분이다. 하지만 언제부턴가 우리의 공감 능력은 성장을 멈춘다. 당장 내 눈앞의 이익만 챙기느라 주변은 돌아보지 않게 된다.

우리나라는 지난 70년간 한강의 기적이라 부르는 놀라운 성장 신화를 써왔다. 남들과의 경쟁에서 앞서 나가는 것은 필수지만 타인을 배려하고 공감하는 것은 사치로 여겼다. 공감의 원리가 바탕에 깔려 있을 때만 '보이지 않는 손'이 제대로 작동할 수 있다는 스미스의 본뜻을 깨닫지 못한 것이다.

우리 안의 '공평한 관찰자'는 점점 잊혀 갔다. 하지만 이제는 상황이 다르다. 공감 능력은 4차 산업혁명 시대에서 생존을 위해 반드시 갖춰야 할 역량이 됐다. 영국의 옥스퍼드 대학교는 2033년에 전체 일자리의 47퍼센트가 사라질 것이라고 예측했다. 하지만 공감 능력이 필요한 일만큼은 없어지지 않을 것이다. 사람의 감정을 다루는 직업, 즉 공감 능력이 필요한 일만큼은 로봇이 인간을 대신할 수 없기 때문이다.

지금 여러분 마음속의 공평한 관찰자는 무사한가? 혹시 10억 원과 맞바꿀 만큼 작아지진 않았는가? 공감이 바탕이 된 사회에서 자본주의가 발전한다는 스미스의 가르침은 300년이 지난 지금도 여전히 통한다.

남해회사 거품 사태

아이작 뉴턴은 떨어지는 사과에서 중력의 법칙을 발견한 영국의 물리학자다. 누구보다 이성적이고 냉철할 것 같지만 그 역시 잘못된 주식 투자로 재산을 잃었다. 바로 1720년 남해회사 거품 사태 때문이다. 명예혁명 이후, 정치적 안정을 이룬 영국은 바다 밖 무역지를 개척하며 큰 경제 발전을 이뤘다. 덩달아 주식시장이 발달하면서 런던에는 상당히 많은 주식회사가 세워졌다. 당시 약 200개의 주식회사가 존재했는데 이 중에는 남해회사도 있었다.

남해회사는 1711년 영국의 은행가들이 설립했다. 회사는 당시 스페인과의 전쟁으로 빚에 허덕이던 영국 정부를 돕는 대신, 남미 지역의 무역을 독점할 수 있는 권리를 얻으며 성장했다. 시간이 흘러 런던 저잣거리에는 남해회사에 투자하면 막대한 수익을 거둘 수 있다는 이야기가 퍼지기 시작했다. 신대륙 무역에 성공한 배가 금은보화를 싣고 온다는 소문이 있었기 때문이다. 사람들은 부자가 되고 싶은 욕망에 너도나도 남해회사 주식을 사들였다.

하지만 투자자들은 곧 지옥을 맛봐야 했다. 남해회사가 주식으로 이득을 보자 다른 회사 역시 주식을 마음대로 발행하기 시작했다. 급기야 주식

공급이 넘쳐 나기에 이르렀다. 결국 남해회사 주가는 순식간에 90퍼센트 가까이 폭락했다. 나중에 남해회사 주식 폭등에 회사 임원과 정부 관료의 부패가 거미줄처럼 얽혀 있던 것이 드러났다.

뉴턴은 이 사건으로 약 20억 원을 잃었다. 당시 뉴턴이 남긴 말은 오늘날까지 회자된다. "나는 천체의 움직임까지도 계산할 수 있지만 인간의 광기는 도저히 계산할 수가 없다." 이후 남해회사 거품 사태는 주식 투기의 대명사가 됐다.

영국의 화가 윌리엄 호가스가 남해회사 거품 사태를 풍자한 그림

2

산업혁명을 싹틔운

증기기관

 기계 덕후

1736~1819

제임스 와트

제임스 와트

James Watt

성공한 덕후의
원조는 나 아니겠어?

프로필		대표 이력
출생·사망	1736년~1819년	증기기관 개량에 성공
국적	영국	증기기관 최초의 특허 취득
직업	기술자	루나 소사이어티 활동
특이사항	전력의 단위가 된 이름	

관계성

존 로벅 #첫_투자자 #파산만_아니었다면

프랑수아 케네 #기회는_나의_것 #과학에_
진심인_사업가

재미로 보는 인물 그래프

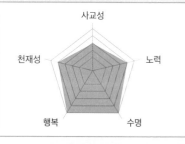

영국 북쪽에 위치한 스코틀랜드. 이곳은 세계적인 자연경관으로 유명하지만 《해리 포터》,《셜록 홈스》,《피터팬》,《로빈슨 크루소》 등 세계를 대표하는 수많은 명작 소설이 탄생한 곳이기도 하다. 잘 알려져 있지는 않지만 1736년 인류 역사를 바꾼 위대한 발명가도 이곳 스코틀랜드에서 태어났다. 바로 증기기관을 탄생시킨 제임스 와트다.

기계 덕후가 바꾼 세상

와트는 배를 수리하던 아버지의 영향으로 어린 시절부터 수학과 공학을 접했다. 청년이 된 와트는 런던으로 가서 기계공으로 일했다. 어려서부터 각종 모형을 만들며 시간을 보낸 그로서는 자연스러운 선택이었다. 이후 그는 스코틀랜드로 돌아와 글래스고 대학교에 작업실을 차렸다.

대학교 기계공이라는 낮은 직급으로 일했던 와트가 오늘날 세계적인 명성을 얻을 수 있었던 것은 증기기관 덕분이다. 증기기관이란 석탄을 태워 물을 끓이고 증기의 힘으로 기계를 돌리는 장치다. 주로 탄광에서 지하수를 퍼 올리기 위한 용도로 사용됐다. 일반적으로 와트가 증기기관을 발명했다고 하지만 엄밀히 말하면 사실이 아니다. 당시 영국에서는 이미 토머스 뉴커먼이 만든 증기기관이 50년 가까이 활발히 사용되고 있었다.

1763년은 와트의 운명을 바꾼 해다. 글래스고 대학교의 교수가 그에게 고장 난 뉴커먼의 증기기관을 가져다주며 수리를 의뢰했다. 내부를 분해해 살펴본 와트는 뉴커먼의 증기기관이 증기를 크게 낭비하고 있다는 사실을 발견했다. 그리고 자기만의 방식으로 새롭게 만들기로 결심했다.

와트의 기계를 눈여겨본 사업가 존 로벅은 개발비를 모두 부담하겠다고 자처했다. 하지만 로벅의 투자에도 증기기관 사업은 생각만큼 풀리지 않았다. 엎친 데 덮친 격으로 로벅이 파산하면서 금전적인 지원이 불투명해졌다. 사업을 포기하려 할 때 은인이 나타났다. 와트의 기계에서 상업적 가치를 알아본 사업가 **매슈 볼턴**이 투자를 약속한 것이다. 이후 볼턴은 사업 자금뿐 아니라 문제가 있을 때마다 해결책을 제시해 주는 든든한 동업자가 됐고 그들의 사업은 나날이 번창했다.

---

⑤ 지식 더하기   ⊗ ⊖ ⊗

매슈 볼턴
성공한 재벌이자 과학에 대한 지대한 관심으로 당대 유명 인사들과 과학을 토론하는 모임 '루나 소사이어티'를 조직한 인물이다. 증기기관의 잠재력을 엿본 그는 막대한 돈을 투자해 와트 옆에서 하나부터 열까지 일을 도왔다.

와트의 증기기관 뉴커먼의 증기기관보다 연료를 훨씬 적게 써서 효율이 높았다.

1776년 3월 영국의 한 탄광에서 와트의 증기기관에 첫 시동이 걸렸다. 곧이어 굴뚝에서는 검은 연기가 뿜어져 나왔고 탄광의 지하수가 파이프를 통해 지상으로 쏟아져 나왔다. 이를 지켜본 사람들의 입에서는 놀라움의 탄성이 쏟아져 나왔다.

뉴커먼의 증기기관은 엄청난 양의 연료가 필요해 대형으로만 제작이 가능했다. 반면에 와트의 증기기관은 소형으로 제작할 수 있어 다양한 분야에서 활용하기 좋았다. 효율까지 더 높았던 와트의 기계는 입소문을 타기 시작했고 곧 수요가 폭발했다. 18세기 말에는 와트의 증기기관이 전국에 500대 넘게 설치됐다.

와트는 오늘날로 말하면 기계 덕후였다. 증기기관 말고도 수많은 물건을 발명했으며 새로운 기술을 받아들이고 공부하는 것을 즐겼다. 그는 사업가로 성공한 후에도 기계를 향한 호기심과 열정을 불태웠다. 초기 복사기, 인쇄용 잉크, 조각상 제작 기계 등 말년까지 수많은 발명품을 남겼다.

과학계는 인류의 역사를 진보시킨 와트의 공로를 인정해 전력의 단위를 '와트^{watt}'로 정했다. 또한 영국 정부는 2011년부터 2020년까지 사용된 50파운드 지폐에 와트와 볼턴의 초상화를 새겼다. 지폐 속 와트의 얼굴 밑에는 다음의 말이 적혀 있다.

"나는 이 기계 말고는 아무것도 생각할 수 없습니다."

볼턴과 와트가 그려진 영국 지폐
지폐 중앙에 와트(오른쪽)가 만든 증기기관이 보인다.

증기기관이 불러온 나비효과

'나비효과'라는 말이 있다. 어느 한 곳에서 일어난 나비의 작은 날갯짓이 지구 반대편에 태풍을 불러일으킬 수 있다는 뜻이다. 와트의 증기기관은 나비의 작은 날갯짓이었다. 이후 세상에는 매일같이 새로운 풍경이 펼쳐지기 시작했다. 증기기관이 불러온 나비효과는 삶의 모습을 송두리째 바꿔 놓았다.

섬유산업이 가장 먼저 변화의 시동을 걸었다. 당시 영국에서는 저렴하고 질 좋은 인도산 면직물이 최고 인기 상품이었다.

서민들이 인도산 면직물을 크게 선호하자 영국의 직물업자들은 속속 망해 갔다. 이러한 상황에서 와트의 증기기관은 영국 섬유산업에 한 줄기 빛이 됐다. 아무리 인도의 노동력이 저렴하고 질이 좋다 한들 기계의 힘을 당해 낼 수는 없었기 때문이다. 영국의 섬유산업은 증기기관을 활용해 면직물을 대량으로 생산해 내며 인도를 제치고 시장을 잠식했다.

기업들은 너도나도 증기기관을 들이기 시작했다. 증기기관 수요가 급증하자 기계 제작을 위한 제철 공업이 발전했다. 1788~1796년 사이에 영국의 철 생산량은 2배 증가했고, 이후 8년 동안 다시 2배 증가했다.

증기기관과 철이 만나자 폭발적인 발전이 이뤄졌다. 1825년 영국의 조지 스티븐슨은 증기기관차를 발명했다. 이후 철도가 만들어지며 대규모로 사람과 물자를 실어 나르게 됐다. 철도는 영국을 넘어 유럽 전체를 거미줄처럼 연결했다. 교통혁명으로 세계 무역 규모가 폭발적으로 성장했음은 두말할 나위 없다.

산업혁명은 정치에도 변화의 바람을 불러왔다. 기계를 발명하거나 투자를 통해 많은 돈을 번 사람들이 사회적으로 큰 영향력을 갖게 됐다. 이들을 '부르주아'라 부른다. 부르주아 계층은 막강한 자본력을 바탕으로 정치에 참여할 권리를 요구하고 나섰다. 이에 영국은 재산을 가진 일부 부르주아에게 선거권을 부여했다. 모든 사람이 선거권을 가지게 된 것은 아니지만 영국 사회는 진정한 민주주의를 향해 천천히 나아가고 있었다.

세상의 모든 빛이 영국을 비춰 주고 있는 것처럼 보였다. 하지만 빛이 밝을수록 그림자도 짙기 마련이다. 산업혁명 이전에 사람들은 가내수공업으로 물건을 만들었다. 그러나 증기기관 덕분에 쉬지 않고 돌아가는 기계가 보급되자 가내수공업은 설 자리를 잃었다. 결국 이들은 실업자가 되거나 공장에 취직해 기계 앞에 서서 온종일 일했다. 노동자들은 기계가 고장 나지 않도록 보살폈지만 정작 스스로는 보살피지 못하는 삶을 살아야 했다. 노동자들의 불만이 점점 고조되던 1811년에는 러다이트 운동(기계 파괴 운동)이 일어났다. 기계 때문에 가난해진다고 생각한 이들은 기계를 파괴했다.

사회 내부가 혼란한 와중에도 영국은 본격적으로 세계 진출에 나섰다. 특히 싼값에 원료를 확보하고 넘쳐 나는 생산품을 판매하기 위해 식민지 사업에 더욱 열을 올렸다. 전성기 당시 남극을 제외한 모든 대륙에 식민지를 가졌던 영국은 '해가 지지 않는 나라'로 불리며 17세기부터 19세기까지 세계 패권을 잡았다. 바야흐로 '대영제국'의 시대였다.

왜 하필 영국일까?

영국에서 시작된 산업혁명은 인근 유럽 국가들과 바다 건너 미국으로 퍼져 나갔다. 산업화에 성공한 나라들은 엄청난 부를 쌓으며 19세기 이후 세계 역사의 주도권을 잡았다. 그렇다면 섬나라 영국은 어떻게 산업혁명의 주인공이 될 수 있었을까? 영국의 정치, 경제, 사회, 문화 그리고 행운까지 총 다섯 가지 이유를 살펴보자.

첫째, 당시 영국은 다른 국가와 달리 정치적으로 안정된 상태였다. 1688년 명예혁명은 국왕이 정치를 좌지우지할 수 없도록 만들었다. 덕분에 총리와 정부는 시민들을 위한 여러 법과 규칙을 재정하는 데 힘썼고 이를 바탕으로 개인의 자유로운 경제 활동이 꽃필 수 있었다.

둘째, 무역과 상업이 발달했다. 영국은 섬나라의 한계를 극복하기 위해 일찍이 바다 밖으로 눈을 돌렸다. 무역을 통해 부를 축적했고 해군을 키워 식민지를 만들었다. 세계 곳곳에 시장을 뒀으니 각종 상업이 발달한 것은 자연스러운 일이었다.

여기서 의문이 생길 수 있다. 영국보다 훨씬 큰 중국에서는 왜 산업혁명이 일어나지 않았을까? 여러 이유가 있지만 그중 하나는 1700년대부터 급격히 증가한 중국의 인구 때문이다. 인구가 많으니 먹고살 정도의 돈만 주면 일하겠다는 사람들이 중국

영국의 산업혁명 영국을 뒤따라 산업화에 성공한 나라들은 19세기 이후 세계 역사의 주도권을 잡았다.

에 넘쳐 났다. 노동력이 저렴했기 때문에 굳이 많은 돈과 시간을 들여 기계를 개발할 필요가 없었다.

　반면에 영국은 임금이 비쌌다. 식민지를 유지하기 위해 해군과 육군으로 장병을 징집해 인구 유출이 심했기 때문이다. 당연히 인간의 노동을 대체할 기계에 대한 관심이 높았다.

　　　　　　　　　　　　　　　제임스 와트

셋째, 도시 노동자가 많았다. 공장이 세워지고 기계가 들어서도 일할 사람이 없으면 말짱 도루묵이다. 영국은 **인클로저**로 경작할 땅을 잃고 도시로 이주한 사람이 많았다. 덕분에 산업 발전에 필요한 풍부한 노동력을 채울 수 있었다.

넷째, 당시 유럽의 계몽주의적 사회 분위기다. '계몽주의'란 자연현상을 탐구해 얻은 과학 지식을 활용하면 인간의 삶이 나아질 것이라는 믿음이다. 이런 사회 분위기 속에서 사람들은 수학, 과학 연구에 몰두했고 편지와 모임을 통해 활발히 의견을 주고받았다. 와트 역시 볼턴과 함께 루나 소사이어티의 회원으로 활발히 활동했다. 모임에 들기 위해 돈이 많거나 신분이 높아야 하는 것은 아니었다. 서로의 지식을 공유하고 연구를 격려하는 문화 속에서 기술은 더욱 빠르게 발전했다.

다섯째, 자연이 준 선물이 풍부했다. 바로 석탄이다. 16세기 이후 영국은 땔감이 부족해져 무분별한 벌목이 이뤄졌고, 그로

💰 지식 더하기 ⊗ ⊖ ⊗

인클로저

과거 유럽에서 공유지를 사유지로 만든 일로 '울타리 치기 운동'이라고도 한다. 16세기 영국에서는 양털값이 폭등하자 지주들이 땅에 울타리를 치고 목장을 만들었다(1차 인클로저). 18세기에는 농산물 수요가 높아지자 지주들이 대규모 농장을 운영하기 시작했다(2차 인클로저). 결국 영세 농민은 빠르게 몰락해 갔다.

인해 심각한 에너지 위기를 겪고 있었다. 이러한 위기에서 벗어나기 위해 영국은 넘쳐 나는 석탄을 에너지원으로 활용하기 시작했다. 증기기관은 석탄을 쉽게 파내기 위해 만들어졌다. 그런데 증기기관을 움직이려면 또다시 석탄이 필요했으니 영국 입장에서는 행운이었다.

4차 산업혁명의 파도 위에서

인류는 지금껏 크게 세 차례의 산업혁명을 겪었다. 증기기관이 일으킨 1차 산업혁명을 시작으로 19세기 말에는 석유의 발견과 전기의 발명에 힘입어 2차 산업혁명이 시작됐다. 3차 산업혁명은 1990년대 컴퓨터와 인터넷의 발전과 함께 일어났다.

지금 우리는 4차 산업혁명이라는 거대한 파도에 올라타 있다. 인공지능 로봇이 인간의 창의력과 판단력마저 따라잡을 것이라는 예언은 이미 현실에서 실현되고 있다. 사람들은 로봇이 인간의 자리를 대체하진 않을지 걱정한다. 그런데 어디서 많이 본 듯한 장면 아닌가? 그렇다. 200년 전, 1차 산업혁명의 소용돌이 속에서 사람들은 똑같이 생각했고 기계를 파괴했다.

새로운 기술이 도입될 때마다 역사는 반복됐다. 자동차 산업이 생겨날 때는 마차산업 종사자들이 증기자동차를 강하게 거부했다. 1865년에는 일자리를 잃을 처지에 놓인 이들의 항의 끝에 '붉은 깃발 법'이 만들어졌다. 자동차가 마차보다 빨라서는 안 된다는 황당한 법이었다. 그사이 미국에서는 독일, 프랑스에 이어 자동차 산업이 폭발하듯 성장했다. 자동차 산업에서 창출한 일자리만 수십만 개를 넘었다.

4차 산업혁명 역시 마찬가지다. 변화의 파도가 몰려오면 원래 있던 많은 기술과 일자리가 휩쓸려 나간다. 영국의 옥스퍼드 대학교는 전체 일자리의 47퍼센트가 곧 사라질 것이라 경고했다. 그러나 우리는 거대한 파도 속에 새로운 기술과 산업 그리고 일자리가 함께 몰려온다는 사실 또한 알고 있다.

오늘날 세상에는 매일같이 새로운 기술이 나타났다 사라진다. 이토록 빠르게 변하는 세상에서 어떤 일을 해야 잘 먹고 잘 살 수 있을까? 만약 와트라면 이렇게 조언했을 것이다.

"여러분, 덕후가 되세요. 누구나 열정과 노력을 쏟을 수 있는 분야가 있습니다. 그 분야에서 꾸준히 나아간다면 시간이 지나 자기만의 길이 나 있을 겁니다. 저는 기계에서 길을 찾았어요. 물론 그 길을 함께할 수 있는 좋은 사람이 있다면 금상첨화겠지요. 제가 만든 증기기관도 볼턴이 없었다면 빛을 보지 못했을 테니까요. 여러분이 덕후가 되고 싶은 분야는 무엇인가요? 그곳에 해답이 있을 겁니다."

러다이트 운동

증기기관 덕분에 기계가 널리 보급되자 공장주들은 행복했다. 사람을 덜 고용해도 기계를 돌릴 수 있었기 때문이다. 한편 수공업에 종사했던 이들은 시대의 흐름에 뒤쳐져 도시 빈민으로 전락했다. 당시 영국은 부유층 남성에게만 투표권을 주었기 때문에 설움을 말할 수 있는 통로조차 없었다. 결국 쌓여 있던 불만은 폭력으로 터져 나오기 시작했다.

사람들은 밤이 되면 몰래 망치로 기계를 고장 냈다. 공장에 불을 지르기도 했다. 노동자들의 이러한 움직임을 러다이트 운동이라 한다. '러다이트'는 운동을 주도한 '네드 러드'라는 인물의 이름에서 따왔다고 알려져 있다. 하지만 실존 인물인지 확실치 않다. 전해오는 이야기에 따르면, 공장 노동자였던 러드는 실수로 기계를 망가뜨렸다. 이후 기계가 고장 날 때마다 사람들은 입을 모아 러드가 그랬다고 변명했다. 1811년 러다이트 운동이 시작됐을 때도 지도자가 누구냐는 물음에 노동자들은 '네드 러드'라고 대답했다.

러다이트 운동은 대중의 지지를 받으며 점차 세력을 키웠다. 하지만 정부는 이들을 처형하며 강경하게 대응했고 결국 1817년에는 수그러들었다. 러다이트 운동은 최초의 노동 운동으로 평가받는다. 이후 노동자들은 재산과 상관없이 성인 남성에게 투표권을 달라는 차티스트 운동을 진행했다.

3

돈과 명예 다 잡은

과격한 부자

비교우위론

1772~1823

데이비드
리카도

데이비드 리카도

David Ricardo

인생은
나처럼 살라고!

프로필

출생·사망	1772년~1823년
국적	영국
직업	경제학자, 영국 국회의원
특이사항	14세 학교 중퇴, 아버지와 절연

대표 이력

곡물법 반대

비교우위론

《경제학 및 과세의 원리》

관계성

토머스 맬서스 #싸우다_만난_절친 #유산_
상속

애덤 스미스 #책으로_만난_스승 #그_스승
에_그_제자

재미로 보는 인물 그래프

사교성

노력

수명

행복

천재성

경제학자들은 부자일까? 경제를 다루는 만큼 부자일 것이라 생각하기 쉽다. 하지만 이론에 빠삭하다고 해서 실전까지 잘하리란 법은 없다. 경제학자 중에 큰돈을 번 사람은 역사상 손에 꼽는다. 그중 대표적인 인물이 지금 소개할 데이비드 리카도다. 리카도는 대학 문턱도 넘어 본 적 없다. 하지만 그는 뛰어난 투자 실력으로 젊어서 막대한 돈을 벌었고 훗날 무역 이론을 정리해 이름을 남기는 위대한 경제학자가 됐다. 이론과 실전 모두에 능숙했던 리카도의 삶을 알아보자.

진짜 부자 경제학자

리카도는 1772년 영국 런던에서 유대인 가정의 셋째 아들로 태어났다. 그는 14세라는 어린 나이에 일찌감치 학업을 포기하고 주식을 거래하는 일에 종사하는 아버지를 따라 사업을 배우기 시작했다. 사업에 소질을 보인 리카도는 가족의 기대를 한 몸에 받았다. 하지만 부모가 반대하는 여자와 결혼하며 막대한 유산을 포기하고 처음부터 다시 시작해야 하는 처지가 됐다.

다행히 지식과 경험이라는 최고의 유산이 리카도에게 남아 있었다. 리카도는 아버지로부터 독립한 뒤에도 능력을 인정받으며 승승장구했다. 특히 영국과 프랑스가 벌인 전쟁은 그의 인생에 찾아온 절호의 기회였다. 당시 사회에는 영국이 전쟁에서 질 것이라는 분위기가 팽배해 영국의 채권 가격이 폭락했다. 하지만 리카도는 반대로 생각했다. 프랑스의 나폴레옹 군대가 질 것이라 판단한 그는 재산을 털어 폭락한 채권을 사들였다. 이후 영국의 승리로 전쟁이 끝나자 채권 가격은 급등했고 리카도는 부자가 됐다. 그때 그는 불과 20대였다.

여러분이라면 젊은 나이에 평생 쓰고도 남을 돈을 번 후에 어떻게 살고 싶을까? 세계를 자유롭게 여행하며 놀겠다는 대답은 많겠지만 공부하겠다는 대답은 거의 없을 것이다. 하지만 리카도는 새롭게 공부를 시작했다.

아내 요양을 위해 시골에 머무르던 때였다. 심심했던 리카도는 도서관에 들렀는데, 우연히 펼친 책이 애덤 스미스의 《국부론》이었다. 그는 곧바로 책에 빠져들었고 본격적으로 경제 공부를 시작했다. 이후 10여 년간 신문에 글을 기고하고 연구 논문

 지식 더하기

채권
정해진 기간이 지나면 돈을 돌려주겠다는 일종의 증거 문서다. 예를 들어 '10년 만기 금리 2퍼센트의 채권'은 매년 2퍼센트의 이자를 주고 10년 뒤에 원금을 돌려준다는 약속이다. 국가나 회사가 막대한 돈을 빌릴 때는 주로 채권을 발행해서 판매한다.

을 쓰면서 차츰 경제학자로서 명성을 쌓았다.

40대에는 국회의원으로 활동하며 '과격한 부자'라는 별명을 얻기도 했다. 자기 이익만 챙기는 귀족을 비판하며 소외된 노동자와 빈민을 도와주는 정책을 펼쳤기 때문이다. 이렇듯 지성과 인격을 두루 갖춘 리카도는 많은 사람의 존경을 받았다. 51세의 나이로 숨을 거둘 때까지 세상의 복잡한 문제를 해결하고자 앞장섰던 그가 생전에 특히 많은 공을 들인 문제는 곡물법이었다.

인간 욕심의 끝판왕, 곡물법

1806년 나폴레옹은 영국을 고립시키기 위해 대륙봉쇄령을 내렸다. 외국에서 들어오던 곡물이 하루아침에 뚝 끊겨 버리자 영국의 곡물 가격은 천정부지로 치솟았고 그 피해는 고스란히 국민들이 입게 됐다. 다행히 5년 후 전쟁이 끝나고 곡물 가격이 안정되자 국민들은 한시름 놓을 수 있었다.

그런데 도로 낮아진 곡물 가격에 불만을 가진 이들이 있었으니 바로 땅을 가진 지주들이었다. 그들은 영국의 농업을 보호하기 위해 외국산 곡물의 수입을 막아야 한다고 주장했다. 물론 이는 명목일 뿐, 실제로는 그들의 이익을 위해서였다. 머지않아 영국 의회는 외국산 곡물의 수입을 막는 곡물법을 통과시켰고 곡물 가격은 다시 비싸졌다.

리카도는 이 희한한 법률에 반대하며 다음과 같은 내용의 보고서를 발표했다.

"곡물법으로 곡물 가격이 상승하면 어떻게 될까요? 돈 냄새를 맡은 사업가들이 농업에 뛰어들 것입니다. 곡물이 나는 토지는 한정돼 있으니 비옥한 토지는 물론이고 비옥하지 않은 토지마저도 인기를 끌겠지요. 토지를 가진 지주들이야 행복할 것입니다. 사업가들이 땅을 확보하기 위해 서로 더 많은 임대료를 지불하고 땅값이 오를 테니까요.

하지만 사업가는 어떻겠습니까? 경쟁이 심해져 이윤이 줄어들 게 뻔합니다. 그들이 농부에게 줄 임금도 줄어들겠죠. 비옥하지 않은 토지에 사람들이 돈과 시간을 투자하는 건 국가 입장에서도 반길 일이 아닙니다. 훗날 농업으로 돈을 벌지 못하는 상황이 오면 너도나도 다른 산업으로 옮겨 갈 것입니다. 그러면 몰려간 산업의 경쟁이 심해져 다시 이윤이 떨어지겠죠. 이러한 악순환이 반복되면 결국 영국 경제에 위기가 찾아올 것입니다."

곡물법 연구를 통해 땅값이 오를 것이라는 확신을 얻은 리카도는 상당한 토지를 사들였다. 과연 그의 주장대로 시간이 흐를수록 토지는 귀해졌고 가격은 올라갔다. 덩달아 그의 재산 역시 껑충 불어났다.

한편으로는 이해되지 않는 면도 있다. 리카도는 곡물법으로 많은 이익을 얻은 지주인데 왜 곡물법을 폐지해야 한다고 주장했을까? 다른 지주들과 달리 그는 자신의 이익뿐 아니라 국민, 나아가 국가 입장에서 무엇이 옳은 선택인지 고민했다. 그에게 옳은 선택은 모두를 부유하게 만드는 자유무역이었다.

지주들이 장악한 의회는 리카도의 주장에도 콧방귀만 낄 뿐이었다. 지주들은 또 다른 경제학자인 토머스 맬서스의 주장을 적극 받아들이고 있었다. 맬서스는 부유한 지주들이 돈을 많이 써야 경제에 활력이 생긴다는 이유로 곡물법 유지에 찬성했다.

곡물법은 무려 30년이나 유지된 후에야 폐지됐다. 결정적 계기는 '아일랜드 대기근'이었다. 당시 영국의 식민지였던 아일랜드는 곡물을 주로 재배했다. 하지만 곡물이 대부분 영국으로 빠져나가 정작 아일랜드 사람들은 감자를 재배해서 먹어야 했

💰 지식 더하기 ✕ ⊖ ↻

토머스 맬서스

영국의 인구학자이자 경제학자다. 그는 저서 《인구론》에서 무시무시한 주장을 펼치며 유명해졌다. 인구 증가 속도가 식량 증가 속도보다 빨라 인류가 불행에 처하리라는 암울한 내용이었다. 그는 곡물법을 둘러싸고 리카도와 뜨거운 논쟁을 벌였는데 둘은 이 계기로 절친이 됐다. 훗날 리카도는 죽을 때 3명에게 유산을 남겼는데 그중 하나가 맬서스였다.

데이비드 리카도

다. 그리던 어느 날 감자마름병이 돌면서 감자가 모조리 썩었고 100만 명 이상이 굶주림으로 사망했다. 아일랜드에서 곡물을 들여오기 어려워지자 영국 의회는 곡물법을 폐지하고 외국 수입을 늘리기로 했다. 리카도가 죽은 지 23년 후의 일이었다.

리카도는 곡물법을 통해 많은 것을 얻을 수 있었다. 토지에 투자해서 재산을 불렸을 뿐 아니라 논쟁을 벌인 맬서스와는 평생지기가 됐다. 국민에게 고통을 준 곡물법 폐지에 큰 공을 세운 경제학자라는 명예까지 얻었음은 두말할 나위 없다.

부자 나라가 되는 확실한 방법

자유무역은 애덤 스미스부터 이어져 온 주장이다. 그전까지 세상을 지배하고 있던 중상주의에서는 금이 유출되면 손해라고 생각해 수입은 억제하고 수출만 장려했다. 스미스는 이 틀을 깨부순 최초의 경제학자였다. 그는 공장 노동자가 분업을 하듯 국가끼리도 분업을 해야 한다고 주장했다. 경쟁력 없는 물건을 생산하는 것은 돈과 시간을 낭비하는 꼴이다. 따라서 다른 나라보다 경쟁력 있는 물건은 열심히 만들어 수출하고 그렇지 못한 물건은 수입하면 됐다.

그러나 스미스의 이론에는 치명적인 한계가 있었다. 그의 이론에 따르면 거의 모든 면에서 기술력이 뛰어난 선진국은 굳

아일랜드 대기근 19세기 중반 감자가 유일한 식량이던 아일랜드에 감자마름병이 돌면서 100만 명 넘게 굶주림으로 사망했다.

이 후진국과 무역할 필요가 없다. 하지만 현실에서는 선진국과 후진국 사이에 무역이 이루어진다. 이론과 현실의 차이에 의문을 가진 리카도는 자기만의 이론을 정리해 발표했다.

　리카도는 영국과 포르투갈을 예로 들었다. 스미스의 이론대로라면 포르투갈은 영국과 무역할 필요가 없다. 옷과 음식 모두 영국보다 더 잘 생산할 수 있기 때문이다. 하지만 리카도의 생각은 달랐다.

구분	옷	음식
영국	8명	10명
포르투갈	5명	3명

(단, 옷 1벌과 음식 1개의 가격은 같다)

우선 영국은 위의 표에 나와 있는 것처럼 옷을 만드는 데 8명이 필요하다. 이 8명을 음식을 만드는 데 투입한다면 1개를 채 만들 수 없다. 정확히 말하면 0.8개를 생산할 수 있다. 이 말은 옷을 만들기로 선택하면 음식 0.8개를 포기해야 한다는 뜻이다. 반대로 음식을 만드는 10명을 옷 만드는 데 투입하면 옷 1.25벌을 생산할 수 있다. 다시 말해 음식을 만들기로 선택하면 옷 1.25벌을 포기해야 한다.

마찬가지로 포르투갈도 옷 만드는 5명이 음식을 만들면 음식 1.7개를 생산할 수 있다. 그러니 옷을 만들기로 결정한다면 음식 1.7개를 포기해야 한다. 반면에 음식 만드는 3명을 옷 생산에 투입한다면 옷 1벌도 만들지 못한다. 옷 대신 음식을 만들기로 결정한다면 옷 0.6벌을 포기해야 한다.

'기회비용'이란 무언가를 선택할 때 포기해야 하는 것의 비용을 뜻한다. 당연히 기회비용이 적은 쪽을 선택하는 게 경제적

구분	옷	음식
영국	음식 0.8개	옷 1.25벌
포르투갈	음식 1.7개	옷 0.6벌

으로 현명하다. 따라서 영국은 옷, 포르투갈은 음식을 생산하면 된다. 이처럼 각 나라가 상대적으로 우위가 있는 산업에 집중해 무역하면 더 큰 경제적 발전을 이룩할 수 있다. 리카도는 이러한 '비교우위론'에 따른 자유무역이야말로 서로 윈윈하는 게임이라고 설명했다.

우리나라가 가난을 떨쳐 내고 성장한 배경에도 리카도의 비교우위론이 적용된다. 오늘날 대한민국은 반도체 수출에 주력하며 섬유는 동남아시아에서 수입해 오고 있다. 섬유 만드는 기술이 부족해서가 아니다. 반도체와 섬유 모두 생산하는 것보다 상대적으로 우위가 있는 반도체에 집중하는 것이 경제적이기 때문이다.

일상생활에서도 비교우위 원리를 발견할 수 있다. 빵집 주인보다 빵을 잘 만드는 축구 선수가 있다고 하자. 그는 빵 굽는 실력과 축구 실력 모두 월등하다. 그럼 축구 선수가 시간을 쪼개

축구도 하고 빵도 만들어야 할까? 그렇지 않다. 축구 선수가 빵을 만들어 파는 것은 결코 경제적인 선택이 아니다. 그 시간에 차라리 축구 경기를 뛰면 훨씬 더 많은 돈을 벌 수 있기 때문이다. 그러니 비교우위에 있는 축구에 시간을 투자하고 빵은 사먹는 게 낫다.

리카도 덕분에 세계는 자유무역의 길로 접어들게 됐다. 자유무역은 산업과 기술 발전을 자극해 인류의 삶을 풍요롭게 만들어 주었다. 무역에 폐쇄적인 북한의 어려운 경제 상황은 자유무역이 지닌 힘을 역설적으로 보여 주고 있다.

설탕과 노예무역

18세기 유럽 사람들은 동남아시아에서 온 커피와 중국에서 들여온 차에 설탕을 넣어 마셨다. 신대륙에서 온 코코아는 달콤한 초콜릿으로 가공해 즐겼다. 설탕 수요가 늘어나자 유럽의 사업가들은 아메리카에 넓은 사탕수수 농장을 만들었다. 사탕수수 재배에는 아프리카에서 들여온 노예를 동원했다. 이 과정에서 유럽, 아프리카, 아메리카를 잇는 삼각무역이 만들어졌다.

노예 사업이 돈이 된다는 인식이 퍼지자 영국의 항구 리버풀에는 유럽을 대표하는 노예무역 거점이 생기기도 했다. 18세기 말 영국은 노예무역에서 국가 수입의 3분의 1을 얻었다. 그리고 이 돈을 산업화에 투자하며 경제를 빠르게 발전시켰다. 배에 실린 노예의 삶은 비참함 그 자체였다. 쇠사슬을 찬 채 가만히 누워서 50일, 많게는 100일이 넘는 항해를 견뎌야 했다. 아프거나 사망한 노예는 가차 없이 바다로 던져졌다. 노예를 '검은 화물', 설탕을 '흰 화물'이라 불렀다고 하니 당시 노예는 물건과 다를 바 없었다.

다행히 사탕무에서 설탕을 추출하는 기술이 개발되며 상황이 반전됐다. 더 이상 수많은 인력을 동원해 사탕수수를 재배할 필요가 없어진 것이다. 사탕무는 노예무역도 종식시켰다. 영국은 1807년 노예무역 폐지법을 통과시켰으며 미국은 1865년 남북전쟁 끝에 노예를 해방했다.

4

세상을 바꾼

자본론

혁명의 불씨

1818~1883

카를
마르크스

카를 마르크스

Karl Marx

남이 뭐라든
난 내 갈 길을 갈래.

프로필		대표 이력
출생·사망	1818년~1883년	《공산당 선언》
국적	영국	《자본론》
직업	경제학자, 정치학자	공산주의 이론 정립
특이사항	낭비벽으로 인한 생활고	잉여가치론

관계성

프리드리히 엥겔스 #영혼의_단짝 #평생을_
돌봐_준_진짜_친구

찰스 디킨스 #영국의_국민_작가 #올리버_
트위스트_최고

재미로 보는 인물 그래프

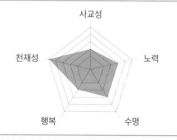

산업혁명은 인류를 빈곤에서 해방시켜 주리라는 희망을 주었지만 실상은 달랐다. 토지나 공장을 가지고 있는 소수의 자본가는 나날이 부유해진 반면, 노동자의 삶은 여전히 비참했다. 너도나도 일자리를 찾아 도시로 몰려들었지만 일자리는 부족했고 그마저도 대우는 형편없었다. 특히 저렴한 값에 아동 노동력을 착취하는 경우도 흔했다.

끔찍한 현실에 몇몇 학자는 모두 잘사는 사회를 만들어 보자고 외쳤다. 이를 **사회주의**라 한다. 하지만 이들의 목소리는 허무맹랑하게만 들렸을 뿐, 어떠한 변화도 만들지 못한 채 흐지부지되고 말았다. 시간이 흘러 사회주의 사상을 제대로 발전시키려는 인물이 나타났다. 노동자의 고통에 주목하며 자본주의 사회의 부조리를 파헤친 그의 이름은 바로 카를 마르크스다.

$ 지식 더하기

사회주의
중국, 베트남, 북한 세 나라의 공통점은 무엇일까? 바로 '공산주의'를 이념으로 삼고 있는 국가다. '사회주의' 국가라고 답한 친구들도 있을 것이다. 사실 둘 다 맞는 말이다. 공산주의는 사회주의의 일종이다. 사회주의란 국가가 생산수단을 갖고 경제를 계획적으로 운영하자는 사상을 말한다.

카를 마르크스

마르크스는 영국의 공영방송 BBC가 '세계에서 가장 영향력 있는 사상가'로 선정할 만큼 현대 사회에 지대한 영향을 미쳤다. 그는 사상가이자 언론인이었으며 경제학자로도 활동했다. 특히 경제학자로서 마르크스가 살린 사회주의의 불씨는 훗날 세계를 절반으로 쪼개는 엄청난 결과를 낳기도 했다. 오늘날 '공산주의의 아버지'라 부르는 마르크스에 대해 알아보자.

인간 마르크스의 삶

마르크스는 1818년 독일 트리어에서 변호사의 아들로 태어났다. 부유한 집안에서 부족함 없이 자란 그가 훗날 자본주의를 비판하는 삶을 살다니 의아할 수도 있다. 하지만 마르크스는 어린 시절부터 세상의 질서를 고분고분 따르는 성격은 아니었다. 아버지는 아들이 대를 이어 변호사의 길을 걷길 바랐지만 마르크스는 철학에 관심을 쏟았다.

대학에 진학해서는 공부와 거리가 먼 삶을 살았다. 술을 마시느라 돈을 펑펑 쓰고 사고를 치는 등 부모 속을 썩였다. 보다 못한 아버지는 아들이 공부에 전념하길 바라며 베를린 대학교(오늘날의 베를린 훔볼트 대학교)로 보냈다. 안타깝지만 그곳에서도 마르크스는 아버지의 기대에 부응하지 못했다. 경제 관념이 없던 그가 빚쟁이들을 피해 자주 이사를 다녔다는 일화는 유명하다.

아버지는 "가장 부유한 학생도 1년에 500탈러(15~19세기 유럽에서 통용된 은화) 이하를 쓰는데 우리 아들은 700탈러나 되는 돈을 탕진한다"라며 한탄하기도 했다.

대학을 졸업한 마르크스는 독일에서 〈라인신문〉 기자로 사회생활을 시작했다. 세상을 바라보는 날카로운 시각과 사람의 마음을 사로잡는 뛰어난 필력으로 그는 점점 유명해졌다. 특히 독일 정부를 거침없이 비판하는 기사로 인기를 끌었다. 하지만 정부 입장에서 그의 기사는 눈엣가시였고 머지않아 신문사는 폐간되고 말았다. 독일에서의 생활이 어려워진 마르크스는 좀 더 자유로운 사회 분위기를 가진 프랑스 파리로 이주했다.

마르크스는 파리에서 인생의 전환점을 맞았다. 본격적으로 사회주의를 접하고 평생지기가 될 프리드리히 엥겔스와도 인연을 맺었다. 엥겔스는 마르크스의 삶을 이야기할 때 빼놓을 수 없는 인물이다. 엥겔스는 공장주의 아들로 태어난 자본가이자 노동자의 비참한 삶을 보며 사회주의를 연구한 철학자였다. 그리고 마르크스의 열성적인 동지이자 후원자였다.

마르크스는 기존의 하품 나는 사회주의와 자신의 이론을 구별해야 할 필요성을 느꼈다. 그래서 선택한 용어가 **공산주의**였다. 머리를 맞댄 마르크스와 엥겔스는 공산주의 이론과 실천 방법을 담은 책《공산당 선언》을 펴냈다.

독일 마르크스-엥겔스 광장의 동상
마르크스(왼쪽)에게 엥겔스(오른쪽)는 사상적 동반자이자 후원자였다.

노동자를 위해 쓴 이 책은 '더 이상 착취당하지 말고 단결해 들고 일어나라!'라는 메시지를 담고 있다. 책은 순식간에 여러 언어로 번역되며 세계 각지로 팔려 나갔다. 그렇다고 해서 세상이 마르크스의 뜻대로 움직이지는 않았다. 현실은 여전히 똑같았다. 마르크스 역시 실망하거나 좌절하지 않았다. 이후 런던에 정착한 그는 죽을 때까지 산업 사회와 자본주의를 계속 연구했다.

그렇다면 마르크스의 사생활은 어땠을까? 유명한 사상가인 만큼 부유한 삶을 살았을까? 아니면 노동자의 삶에 관심을 가졌으니 직접 공장의 노동자로 일하며 살았을까? 둘 다 아니다. 그의 삶은 부유함과는 거리가 멀었다. 젊은 시절의 낭비벽은 고쳐지지 않았고 돈 관리를 제대로 하지 못해 늘 쪼들리는 생활을 했다. 외투를 전당포에 저당 잡혀 외출하지 못한 적도 있었고 자식이 죽었을 때는 관조차 마련하지 못했다.

적극적으로 노동에 뛰어든 것도 아니었다. 기사를 써서 돈

💲 **지식 더하기** ✕ ⊖ ⊗

공산주의

모두가 함께 생산하고 똑같이 나누어 가지는 사회를 추구한다. 마르크스는 이렇게 하면 가난한 사람과 부자의 차이가 없어지는 평등한 세상이 된다고 보았다. 하지만 열심히 노력해도 대가가 없으니 아무도 일하지 않았고 공산주의 체제는 대부분 무너졌다. 오늘날 공산 국가는 북한, 중국 등 소수에 불과하다. 이들 역시 자본주의 체제를 일부 도입하고 있다.

카를 마르크스

을 벌긴 했지만 적은 수준이었다. 다행히 친구 엥겔스의 경제적인 후원 덕분에 그럭저럭 생계를 유지해 갈 수는 있었다. 마르크스의 입과 손은 자본가를 비판했지만 정작 그는 자본가의 도움으로 삶을 꾸려 갔으니 모순처럼 느껴지는 부분이다.

여기까지만 보면 왜 마르크스가 세계에서 가장 영향력 있는 사상가가 됐는지 이해되지 않을 수 있다. 하지만 가족이 주린 배를 움켜잡는 걸 보면서도 매일 10시간 이상을 도서관에서 보낸 세월은 결코 헛되지 않았다. 영국의 정치와 경제 현실을 끊임없이 연구한 마르크스는 마침내 《자본론》을 펴냈다. 과연 마르크스는 《자본론》이 세상의 질서를 흔드는 엄청난 책이 될 줄 상상이나 했을까?

자본주의의 몰락을 예언하다

《자본론》은 세계 역사의 물줄기를 바꾼 책이다. 하지만 마르크스는 자신의 책이 날개 돋친 듯 팔려 나가는 모습을 보지 못했다. 1867년에 1권을 출간하고 생을 마감했기 때문이다. 만약 그가 살아 있었다면 인세로 부유하게 살았을 수도 있겠지만 돈과는 큰 인연이 없었던 모양이다. 하지만 마르크스는 돈 대신 세상에서 가장 유명한 인물이라는 명예를 얻게 됐다.

《자본론》은 한마디로 말하면 자본주의를 비판하는 책이다.

《자본론》 1권
2권과 3권은 마르크스 사후에
엥겔스가 유고를 정리해 출간했다.

그러나 마르크스는 비판에 그치지 않고 한 걸음 더 나아가 자본
주의가 몰락할 것이라 말했다. 왜 그는 자본주의가 무너질 것이
라 생각했을까?

　마르크스는 책에서 핵심 이론 두 가지를 강조했다. 첫 번째
는 '잉여가치론'이다. 그는 세상 사람들을 자본가와 노동자라는
두 계급으로 나눴다. 자본가는 공장, 기계 등 돈을 벌 수 있는 생
산수단을 가진 사람이다. 노동자는 노동력을 제공한 대가로 임

금을 받는 사람을 말한다. 마르크스의 주장에 따르면 자본주의 사회에서 노동자는 자본가에게 착취당할 수밖에 없다. 바로 잉여가치 때문이다.

마르크스는 노동자가 만들어 내는 가치와 그들이 받는 임금을 따져 봤다. 예를 들어 노동자 1명이 가방을 만들어 10만큼의 가치를 만들어 낸다고 하자. 마르크스가 생각하기에 임금은 가치와 마찬가지로 10이어야 하지만 실제로 노동자가 받는 임금은 5에 불과하다. 나머지 5는 자본가가 자기 몫으로 가져가는 잉여가치다. 자본가는 탐욕 때문에 잉여가치를 점점 늘리게 되고 노동자는 점점 가난해진다는 게 그의 주장이다.

두 번째는 '공황론'이다. 이익을 착취당한 노동자는 물건을 살 수 없을 만큼 가난해진다. 노동자가 지갑을 닫게 되면 자본가 역시 무사할 수 없다. 물건을 사는 사람이 없다면 그 역시 쫄딱 망하고 말 테니 말이다. 다시 말해 수요가 공급을 따라가지 못하는 악순환 속에서 자본주의가 끝날 것이라는 게 마르크스의 주장이다.

마르크스가 《자본론》을 통해 전달하고자 한 생각을 정리하면 다음과 같다. 첫째, 자본가는 잉여가치를 늘리기 위해 경쟁하며 공장과 기계를 늘린다. 둘째, 기계 때문에 노동자는 임금이 낮아지거나 일자리를 잃는다. 셋째, 노동자의 호주머니는 점점 가벼워지고 물건을 사지 못한다. 넷째, 물건이 팔리지 않자 자본가도 함께 망한다. 다섯째, 공황이 찾아와 노동자 계급이 세상을 뒤엎을 것이며 자본가 계급은 사라진다. 여섯째, 마침내 자본주의는 몰락한다. 마르크스의 생각은 씨앗이 되어 세계 곳곳으로 퍼져 나갔다. 그리고 러시아에서 싹을 틔우기 시작했다.

100년간 둘로 나뉜 인류

마르크스의 사상은 세상을 100년 동안 절반으로 쪼개 놓았다. 세계 인구 절반은 마르크스 사상이 발붙이지 못하도록 철저히 금지했으며 나머지 절반은 마르크스 사상을 숭배했다.

시작은 러시아의 블라디미르 레닌이었다. 마르크스의 공산주의에 깊은 감명을 받은 그는 노동자와 농민을 위한 정부를 만들자며 러시아혁명을 일으켰다. 혁명이 성공하자 1922년 러시아를 중심으로 15개 국가가 모인 최초의 사회주의 국가가 탄생했다. 바로 소련(소비에트 사회주의 공화국 연방)이다.

레닌은 농민들에게 토지를 나누어 주고 주요 회사나 공장은 국가 소유로 만들었다. 계급 없이 모두가 평등한 세상을 만들자는 마르크스 사상을 러시아의 상황에 맞게 발전시킨 것이다. 이후 레닌으로부터 영향을 받은 마오쩌둥이 중화인민공화국을 건설하며 공산주의는 급속도로 세력을 넓혔다.

공산 국가들의 위세는 대단했지만 오래가지 못했다. 공산주의 자체가 지닌 한계 때문이었다. 공산주의는 모두가 똑같이 가지는 결과의 평등을 지향한다. 개인의 능력이 얼마나 출중한지는 인정하지 않는다. 이런 환경에서 열심히 일하고자 하는 사람은 없기에 생산성이 떨어진다. 국가에서 물건 생산을 계획하는 방식도 점점 한계에 부딪혔다. 소련은 핵무기나 우주선은 잔뜩 만들었지만 정작 국민에게 옷도 제대로 공급하지 못했다.

경제가 어려워지자 개혁을 요구하는 국민의 목소리가 높아졌다. 그 결과 공산주의를 포기하고 자본주의 경제를 도입하는 국가들이 늘어났다. 오늘날 공산주의는 거의 자취를 감추었다. 중국, 베트남, 북한처럼 남아 있는 공산 국가들 역시 한계를 체감하고 공산주의를 조금씩 수정하며 각자 살길을 찾고 있다.

자본주의가 망할 것이라는 마르크스의 예언은 왜 여태 실현되지 않았을까? 우선 노동자가 누리는 삶의 질이 매우 높아졌다. 초기 자본주의 사회에서 마르크스가 목격한 노동자의 삶은 비참함 그 자체였다. 하지만 자본주의 경제가 발전하면서 노동자는 과거와 비교하지 못할 만큼 풍요로운 생활을 누리게 됐다.

노동자가 목소리를 낼 수 있는 통로도 많아졌다. 마르크스가 살던 시절의 노동자는 그저 주어진 일만 반복하는 기계 부품과 같았다. 그들을 보호하기 위한 법적 제도도 빈약했다. 하지만 민주주의가 발전하며 사정이 달라졌다. 이제 노동자는 자본가와 협상 테이블에 마주 앉아 필요한 것들을 요구한다. 또한 선거를 통해 자신의 의견을 드러내고 국가 정책에 영향을 미친다.

마르크스 사상이 완전히 실패로 돌아간 것은 아니다. 자본주의는 몇 차례 위기를 겪었는데 특히 1929년에는 '대공황'이라 부르는 역사상 최악의 경제 공황이 터졌다. 당시 마르크스의 예언이 실현될 것이라 말하는 불안의 목소리가 높았다. 이에 많은 국가가 자본주의의 취약점을 신속히 보완하기 시작했다. 복지 정책이 대표적이다. 자본주의의 몰락을 예언한 마르크스가 오히려 자본주의 국가들에게 커다란 은인이 된 셈이다.

오늘날 마르크스가 공부했던 베를린 훔볼트 대학교 벽면에는 그가 남긴 메모가 금빛으로 반짝이고 있다.

'철학자들은 세계를 다양하게 해석해 왔을 뿐이다. 중요한 것은 세계를 변화시키는 것이다.'

세상을 더 나은 곳으로 만들기 위해 치열하게 고민했던 마르크스의 흔적은 여전히 세상 곳곳에서 살아 숨 쉬고 있다.

카를 마르크스

올리버 트위스트

《올리버 트위스트》는 찰스 디킨스가 1837년부터 2년간 잡지에 연재한 소설이다. 디킨스는 영국을 대표하는 소설가로서 《크리스마스 캐럴》, 《위대한 유산》 등 수많은 작품을 남겼다. 그를 출세 길로 올려준 것은 단연 《올리버 트위스트》다. 이 작품은 빅토리아 여왕도 읽었을 정도로 유럽 전역에서 선풍적인 인기를 끌었다.

《올리버 트위스트》는 역사상 처음으로 도시 빈민이 주인공으로 등장한 소설이다. 주인공 올리버는 가난한 사람들을 위한 거처를 제공하는 구빈원에서 학대를 받으며 자란 고아 소년이다. 그러던 어느 날 죽 한 그릇을 더 달라고 했다가 문제아로 찍혀 장의사에게 팔린다. 장의사의 집에서 밤낮없이 일하던 그는 런던으로 도망치지만 거기서도 범죄 집단의 손아귀에 떨어진다. 이후 올리버는 선량한 친구와 어른들의 도움으로 출생의 비밀을 알게 되고 유산을 물려받아 이모와 행복하게 산다.

사회 밑바닥의 이야기를 이토록 생생하게 쓸 수 있었던 비결은 디킨스가 자신의 삶을 글에 녹여 냈기 때문이다. 학교도 거의 다니지 못할 정도로 어렵게 자란 그는 12세에 구두약 공장에 취직해 하루 10시간씩 일했다. 이때 그는 자본가들의 탐욕과 착취, 정치가들의 부패를 경험했다.

디킨스는 평생 대중에게 사랑받았다. 그중에는 동시대를 살았던 마르크스도 있었다. 마르크스는 "정치적·사회적 진실에 대해 어떤 정치가나 언론인, 도덕주의자들보다도 더 많은 것을 말해 준 사람이 디킨스"라고 할 만큼 그의 작품을 좋아했다. 1870년 그의 사망 소식이 알려지자 노동자들은 "우리의 친구가 죽었다"라며 울었고 신문과 잡지는 한동안 그의 기사로 가득했다.

배고픈 아이들을 대표해 올리버가 죽을 더 달라고 하는 그림

5

차가운 머리,

경제학 원리

뜨거운 가슴

1842~1924

앨프리드 마셜

앨프리드 마설

Alfred Marshall

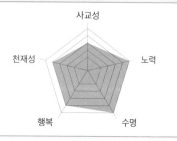

내 연구실은
아무나 못 들어와!

프로필

출생·사망	1842년~1924년
국적	영국
직업	경제학자
특이사항	한때 양초 소년

대표 이력

영국 케임브리지 대학교에 경제학과 개설

수요와 공급의 법칙

《경제학 원리》

관계성

마틴 슈크렐리 #탄력성의_법칙_악용 #그렇
게_살지_마

안 펜 #난쟁이_행렬 #빈부격차의_심각성에_
동감

재미로 보는 인물 그래프

사교성

노력

천재성

수명

행복

지금은 밤 12시. 내일부터 기말고사가 시작되는데 아직 공부를 다 하지 못했다. 다음 중 나의 선택은? 첫째, 밤을 새운다. 둘째, 그냥 잔다. 셋째, 참을 수 있을 때까지만 공부한다.

밤을 새워서 조금이라도 점수를 올릴 수 있다면 1번을 택했을 것이다. 2번을 선택했다면 '어차피 점수도 별로 안 오를 텐데 괜히 피곤하게 뭣하러 밤을 새워'라고 생각했을 것이다. 그리고 잠과 시험 점수 모두 포기하고 싶지 않은 사람이라면 3번을 택했을 것이다. 어떤 결정을 내렸든 '밤을 새웠을 때의 피곤함(비용)'과 '벼락치기로 얻을 수 있는 점수(이익)'를 비교해 최선의 선택을 내린다.

세상의 모든 결정은 이와 비슷한 과정을 거쳐 내려진다. 밥한 공기를 더 먹을지 말지 고민하는 우리는 물론이고 직원을 뽑거나 해고하는 기업 역시 '비용'과 '이익'을 꼼꼼히 비교해서 현명한 선택을 내리기 위해 노력한다.

경제학에서는 이러한 접근 방식을 '한계 이론'이라고 한다. 한계 이론은 경제학에서 아주 중요한 이론으로 꼽히는데 그 배경에는 한계 이론을 연구하고 정리한 앨프리드 마셜이 있다. 경제사에 한 획을 그으며 슈퍼스타가 된 마셜에 대해 알아보자.

양초 소년의 비밀

마셜은 1842년 영국 런던에서 가난한 은행원의 아들로 태어났다. 그의 아버지는 몹시 엄격하고 권위적인 사람이었다. 아들이 똑똑하다는 사실을 알아챈 아버지는 마셜을 늦은 밤까지 책상 앞에 앉혀 놓고 공부시켰다. 어린 아들이 반항심에 삐뚤어질 수도 있었겠지만 다행히 그런 일은 일어나지 않았다. 다만 마셜은 제대로 쉬지 못해서인지 언제나 창백하고 흐느적거렸다. 그 덕에 '양초 소년'이라는 별명을 얻게 됐다.

학창 시절 마셜에게는 작은 비밀이 하나 있었다. 수학을 몹시 좋아했다는 것이다. 하지만 아버지는 아들이 수학에 몰두하는 것을 못마땅하게 여겼기 때문에 마셜의 수학 사랑은 꽁꽁 숨겨야 했다. 결국 마셜은 성직자가 되길 원하던 아버지의 바람을 뿌리치고 케임브리지 대학교 수학과에 입학했다.

마셜은 우등상에 장학금까지 받을 정도로 수학에 두각을 나타냈다. 하지만 정작 그는 남은 평생을 경제학 연구에 바쳤다. 대학 시절 빈민가 사람들의 참상을 마주하고서 큰 충격을 받은 게 계기였다. 마셜이 살던 시대의 영국은 '해가 지지 않는 나라'로 불리며 황금기를 누리고 있었다. 하지만 나라가 부유해져도 빈곤은 사라지지 않았다. 집이 없는 사람들은 관짝을 빌려 잠을 청하기도 했다. 그래서 마셜은 사람들의 생활에 도움을 주는 경제 연구를 통해 세상에 봉사하기로 결심했다.

당시 경제학의 위상은 지금처럼 높지 않았다. 그저 정치학의 한 분야일 뿐 독립된 학과로도 인정받지 못했다. 하지만 마셜의 생각은 달랐다. 경제학이야말로 건강을 위한 의학, 정의 구현을 위한 법학, 영적 구원을 위한 신학과 어깨를 나란히 할 수 있는 학문이었다. 그래서 경제학이 독립된 학과로 인정받을 수 있도록 애썼고, 마침내 케임브리지 대학교에서 인정을 받았다. 마셜이 경제학 연구에 몸담은 지 40여 년 만에 일궈 낸 성과였다.

스타 강사 마셜의 세 가지 이론

오늘날로 치면 마셜은 경제학계의 스타 강사였다. 마셜이 10여 년간의 집필 끝에 세상에 내놓은 《경제학 원리》는 경제 이론을 집대성한 책이다. 이 책은 출간 이후 50여 년간 세계 각 대학의 경제학 교과서로 사용됐다. 이 책에서 마셜은 독창적이면서도 굵직한 여러 이론을 정리했다. 그 가운데서 우리 일상생활 깊이 숨어 있는 경제 이론 세 가지를 살펴보자.

첫 번째 이론은 수요와 공급의 법칙이다. 왜 영화 티켓은 주말에 가격이 오를까? 주말에는 영화관을 찾는 사람들이 늘어나기 때문이다. 수요가 늘어나면 가격이 오른다. 지금은 누구나 쉽게 답할 수 있지만 과거 학자들에게 가격이 정해지는 방법은 대답하기 어려운 문제였다. 그들은 오랫동안 두 편으로 나뉘어 논쟁했다.

한쪽은 '생산자가 들인 비용'이 중요하다고 봤다. 돈과 시간을 많이 쏟은 물건일수록 값이 비싸야 한다는 것이다. 다른 한쪽은 '소비자의 만족'이 중요하다고 봤다. 아무리 생산자가 많은 비용을 들였다 하더라도 소비자가 사주지 않으면 아무런 쓸모가 없다. 그러니 소비자의 만족에 따라 가격이 결정돼야 한다는 주장이었다.

비용과 만족을 두고 벌어진 논쟁은 마셜이 등장하면서 깔끔하게 정리됐다. 마셜은 곡선 2개를 그렸다. 가격이 오를수록 수요가 떨어지는 현상(수요 곡선)은 파란색 선으로, 공급이 늘어나는 현상(공급 곡선)은 빨간색 선으로 나타냈다.

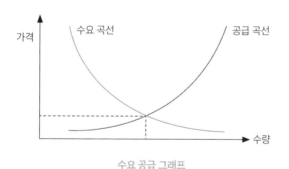

수요 공급 그래프
가격이 올라가면 수요가 낮아지는 대신 공급이 늘고,
가격이 내려가면 수요가 높아지는 대신 공급이 줄어든다.

마셜은 공급자가 생산에 들이는 비용도, 소비자가 느끼는 만족도 한쪽만 중요한 게 아니라는 사실을 증명했다. 가위의 윗날과 아랫날이 서로 만나야 종이가 잘리는 것처럼 가격도 수요와 공급이 만나야 형성된다. 마셜은 이것을 간단한 그림으로 설명했다. 수요와 공급은 오늘날 경제학에서 가장 기본이 되는 원리로 마셜의 대표 업적이다.

두 번째 이론은 한계효용 체감의 법칙이다. 마셜은 한계효용이라는 개념도 정리했다. 경제학에서는 어떤 물건을 소비했을 때 얻는 만족을 효용이라고 한다. 여기에 물건을 추가로 하나 더 소비할 때 얻는 만족이 한계효용이다. 더운 여름날, 땀을 잔뜩 흘리고 마시는 물 1컵이 주는 효용을 100이라고 하자. 1컵 더 마실 때의 한계효용은 처음만 못하니 80 정도가 된다. 계속 물을 마시면 오히려 속이 더부룩해져 더 이상 마시고 싶지 않아진다. 이렇게 소비량이 늘어날수록 한계효용은 줄어드는데, 이를 한계효용 체감의 법칙이라고 한다.

한계효용 체감의 법칙은 일상생활은 물론이고 기업의 판매 전략에도 두루 활용된다. 대표적인 사례가 뷔페다. 사람들이 원하는 만큼 음식을 먹으면 뷔페가 문을 닫을 것 같지만 그런 일은 좀처럼 일어나지 않는다. 사람들이 느끼는 음식의 한계효용이 점점 줄어들기 때문이다. 한계효용이 0이 되면 사람들은 더 이상 음식을 먹지 않는다. 뷔페 사장은 사람들의 한계효용을 꼼꼼히 계산한 다음 가격을 책정한다.

그런데 사람들은 왜 일반 음식점보다 가격이 비싼 뷔페를 찾는 걸까? 이 역시 한계효용에서 답을 찾을 수 있다. 보통 한 가지 음식만 먹으면 금방 질리는 반면(한계효용이 쉽게 줄어드는 반면), 뷔페는 다양한 음식을 먹기 때문에 한계효용이 천천히 줄어든다. 결국 사람들은 더 많은 한계효용을 누릴 수 있기 때문에 비싼 돈을 지불하고 뷔페에 간다.

세 번째 이론은 탄력성의 법칙이다. 2015년 미국에서는 만든 지 60여 년 된 약값이 하루아침에 50배 넘게 급등하는 일이 벌어졌다. 이런 황당한 일을 벌인 사람은 30대의 젊은 경영자 마틴 슈크렐리였다. 약의 판권을 사들인 그는 한 알에 약 15,000원이던 약값을 80만 원으로 올렸다. 그가 사람들의 손가락질에도 아랑곳하지 않고 배짱 장사를 할 수 있었던 까닭은 탄력성 때문이다.

탄력성 이론을 만든 사람은 마셜이다. 탄력성이란 '소비자가 가격 변화에 얼마나 민감하게 반응하느냐'에 달려 있다. 가격이 올랐을 때 사람들이 그 제품의 소비를 크게 줄인다면 탄력성이 높다고 말할 수 있다. 반대로 가격이 올라도 소비에 큰 차이가 없다면 탄력성이 낮다고 말한다.

기업은 제품이나 서비스의 가격을 올릴 때 얼마나 올려야 할지를 심사숙고한다. 마음대로 가격을 높이 올렸다가 소비자가 불만을 갖고 다른 회사 제품으로 옮겨 간다면 도리어 매출이 떨어지기 때문이다. 그래서 가격을 올리면 판매량이 어떻게 변할지 세심히 계산한 후에 가격을 정한다. 하지만 슈크렐리는 계산할 필요가 없었다. 희귀병 환자들에게 꼭 필요한 이 약은 대체제가 없었기 때문이다. 그는 약값이 아무리 비싸도 환자들이 구매할 수밖에 없다는 사실을 악용했다.

마셜은 위의 사례처럼 소비의 탄력성이 낮은 제품을 독점한 기업에 대해서는 정부 규제가 필요하다고 봤다. 실제로 오늘날 각국 정부는 시장질서를 해치는 독점 기업을 규제하고 있다. 우리나라에서는 공정거래위원회에서 그 역할을 담당한다.

그나저나 슈크렐리는 어떻게 됐냐고? 다행히 세상에는 아직 인과응보가 있는 모양이다. 정부가 제재한 덕분에 그는 약값을 50퍼센트 낮췄다. 호주에서는 그의 행동에 분노한 고등학생들이 실험을 통해 동일한 효과의 약을 만드는 방법을 찾아냈다. 세계적인 밉상이 된 슈크렐리는 약값 사건과는 별개로 2018년 금융 사기로 7년형을 선고받고 복역 중이다.

행동하는 경제학자의 품격

마셜의 연구실 문에는 다음 문장이 쓰여 있었다.

런던의 빈민굴에 가보지 않은 자는 이 문을 두드리지 말라.

마셜에게 경제학이란 사람들에게 도움을 주기 위해 연구하는 학문이었다. 그래서 그는 연구실에 틀어박혀 있기보다 뒷골목을 돌아다니며 사람들의 눈빛과 표정을 살폈다. 제자들에게도 약자를 외면하지 않는 '따뜻한 마음'과 문제의 본질을 꿰뚫어 볼 수 있는 '차가운 머리'를 함께 갖춘 경제학자가 되길 요구했다.

마셜은 세상을 더 나은 곳으로 만들 수 있다는 굳은 믿음을 갖고 있었다. 자본주의를 제대로 이해하고 관리한다면 가난한 사람과 부자 모두 잘살 수 있다고 생각했다. 그렇다고 듣기 좋은 장밋빛 전망만 내놓는 학자는 결코 아니었다. 그는 연구할 때만큼은 누구보다 냉철하고 신중했다.

우리는 흔히 경제 문제를 복잡하고 골치 아픈 것으로 여기곤 한다. 옛날 사람들도 마찬가지였다. 경제란 무조건 어렵다는 오해를 풀고 싶었던 마셜은 모든 사람이 쉽게 이해할 수 있는 책을 쓰기로 마음먹었다. 그렇게 탄생한 책이 《경제학 원리》다.

복잡한 수식이나 그래프는 잘 보이지 않는 이 책은 실생활의 예를 활용해서 경제학을 설명한다. 마셜은 되도록 많은 사람이 그의 책을 통해 삶에 보탬이 되는 선택을 내리길 바랐다. 이 책이 오랫동안 꾸준한 사랑을 받은 이유는 현실적이고 유용한 덕분이기도 하지만 사람에 대한 애정과 배려가 듬뿍 담겨 있기 때문일 것이다.

마셜은 행동가이기도 했다. 자신의 연구물이 그저 책 속의 지식에 머무르는 것을 걱정한 그는 백발노인이 되어서도 사회활동에 적극적으로 나섰다. 왕립빈민연구회, 국회 등 다양한 곳에 참석해 자신의 연구가 정책에 반영되고 사람들의 삶이 나아질 수 있도록 힘썼다. 누구보다도 따뜻한 가슴과 차가운 머리가 조화를 이루는 삶을 살았던 마셜은 82세에 숨을 거두었다. 이런 스승 아래 공부한 제자들이 훗날 경제학계를 주름잡게 된 건 당연한 일일지도 모른다.

진심으로 가난한 자들을 위한다면

1971년, 네덜란드의 경제학자 얀 펜은 빈부격차를 연구하던 중 재밌는 아이디어를 떠올렸다. 그는 영국에 가난한 사람은 얼마나 있는지, 부자는 얼마나 있는지, 그리고 사람들의 소득은 얼마나 차이가 나는지 '난쟁이 행렬'에 빗대어 설명했다.

지금부터 1시간 동안 모든 사람이 행진을 시작한다고 하

자. 사람들은 키 순서대로 서는데, 이때 키는 소득과 같다. 처음 등장한 이들은 머리를 땅에 박은 채 물구나무를 서서 걸어온다. 10분이 지나면 난쟁이들이 나와 30분이 넘도록 행렬을 이어 간다. 48분이 되자 드디어 평균 키를 가진 이들이 나타나고, 마지막 5분을 남기고 2미터가 넘는 사람들이 등장한다. 그 후 키가 갑자기 쑥쑥 커지더니 5미터가 넘는 사람들이 나타난다. 마지막 몇 초간은 거인들이 행진하는데 이들은 키가 너무 커서 구름에 얼굴이 가려 있을 정도다.

끊임없이 이어지는 행렬을 떠올리면 누구라도 빈부격차의 심각성을 느끼게 된다. 마셜 역시 빈부격차 문제를 무겁게 받아들였다. 그는 부유한 사람들이 복지에 관심을 기울이고 가진 걸 베푼다면 빈곤이 점차 없어질 수 있다고 봤다. 그러나 대공황과 세계대전을 겪으며 빈부격차는 더욱 커질 따름이었다. 이제 각국 정부는 복지 문제에 적극적으로 나서기 시작했다.

복지란 인간이 인간답게 살며 행복을 누릴 수 있도록 돕는 것이다. 세계 최고의 복지 국가로 평가받는 스웨덴은 19세기까지만 해도 가난한 농업 국가였다. 하지만 알프레드 노벨이 다이너마이트를 발명하면서 경제가 크게 성장했다. 이후 스웨덴 정부는 거둬들인 세금을 활용해 사회 복지 제도를 마련했다. 일명 '요람에서 무덤까지' 국민을 지켜 준다는 스웨덴의 복지 정책은 오늘날 전 세계의 부러움을 사고 있다.

그러나 모든 국가가 스웨덴처럼 복지 국가로 성공한 것은 아니다. 오히려 잘못된 복지 정책으로 파산에 처한 베네수엘라 같은 나라도 있다. 두 나라 모두 따뜻한 가슴을 가졌다는 공통점이 있지만 결정적인 차이가 있다. 바로 따뜻한 가슴과 차가운 머리의 균형이다. 베네수엘라 사례는 균형을 잃은 복지 정책이 얼마나 심각한 부작용을 가져오는지 생생하게 보여 준다.

베네수엘라는 세계에서 다섯 번째로 많은 석유를 수출하는 부자 국가였다. 덕분에 정부는 국민을 위한 복지 정책을 아낌없이 펼칠 수 있었다. 무상교육, 의료 지원, 저소득층 보조금 지급 등 복지 확대로 실업률과 빈곤율이 감소하고 문맹률이 떨어지는 효과를 보기도 했다. 그러나 석유 사업이 어려워지고 수입이 줄어들자 문제가 생겼다.

자원 부국이었던 베네수엘라는 나라 살림과 미래에 다가올

💰 지식 더하기　　　　　　　　　　　　　　　　　　　⊗ ⊖ ↻

알프레드 노벨

스웨덴 출신의 화학자이자 사업가이며 노벨상을 만든 주인공이다. 다이너마이트를 발명한 덕분에 엄청난 돈을 벌었지만 자신의 발명품이 사람을 죽이고 건물을 파괴하는 데 회의감을 느꼈다. 이에 재산을 기부하며 인류 복지에 공헌한 사람들을 위해 써줄 것을 유언으로 남겼다.

　　　　　　　　　　　　앨프리드 마셜

위험을 계산하지 않았다. 그저 따뜻한 마음만으로 과도한 지출을 늘렸고 결국 재정이 취약해졌다. 경제는 회복할 수 없을 정도로 망가졌으며 현재 500만 명이 넘는 국민이 해외로 탈출한 상황이다.

　복지 정책은 '따뜻한 가슴'과 '차가운 머리'라고 하는 양 날개가 균형을 이룰 때 비로소 높이 그리고 멀리 날아 국민의 행복한 삶에 닿을 수 있다. 그래야 부자들의 키는 좀 더 작아지고 가난한 자들의 키는 좀 더 커지는 사회를 만들 수 있다. 이것이 마셜이 평생을 꿈꿔 온 모습이다.

수에즈 운하

1869년 개통된 수에즈 운하는 홍해와 지중해를 연결하며 세계 지도를 송두리째 바꿔 놓았다. 유럽에서 인도, 아시아로 가기 위해 남아프리카 희망봉을 거쳐야 했던 길을 절반으로 줄였기 때문이다. 해외 식민지 개척에 열을 올리던 유럽 열강들에게 수에즈 운하는 탐나는 먹잇감이었다.

프랑스 외교관이었던 페르디낭 드 레셉스는 이집트 지도자와 우호 관계를 맺고 있었다. 덕분에 프랑스는 막강한 영향력을 행사할 수 있었다. 문제는 돈이었다. 이들은 수에즈 운하 회사를 만들고 주식을 팔아 자금을 마련하려 했지만 쉽지 않았다. 영국 때문이었다.

프랑스가 눈독 들인 수에즈 운하는 당시 패권을 쥐고 있던 영국에게 큰 위협으로 다가왔다. 그래서 영국은 다른 국가가 주식을 사지 않도록 방해 공작을 서슴지 않았다. 우여곡절 끝에 자금 문제가 해결됐고 공사 10년 만에 수에즈 운하가 개통됐다. 이후 영국은 재정난에 빠진 이집트로부터 수에즈 운하 회사의 주식을 통째로 사들였다. 수에즈 운하는 남아프리카의 케이프타운, 이집트의 카이로, 인도의 콜카타를 잇는 영국의 식민지 정책에 활용됐다. 1956년에 다시 이집트 정부의 소유가 된 수에즈 운하는 오늘날 여전히 세계 화물선이 통과하는 곳이다.

6

자타 공인

뉴딜

불굴의 리더십

1882~1945

프랭클린
루스벨트

프랭클린 루스벨트

Franklin Roosevelt

내 손끝에서
뉴딜이 시작됐지.

프로필

출생·사망	1882년~1945년
국적	미국
직업	정치가
특이사항	미국의 4선 대통령

대표 이력

미국의 제32대 대통령

뉴딜 시행

관계성

존 케인스 #나의_자문_선생님 #대공황_극
복의_영웅들

엘리너 루스벨트 #정치적_동반자 #미국_최
고의_영부인

재미로 보는 인물 그래프

사교성

노력

수명

행복

천재성

1929년 10월 24일, 미국에서는 주식시장이 열리자마자 엄청난 속도로 주가가 곤두박질치기 시작했다. 오늘날 '검은 목요일'이라 부르는 이날은 이후 5년간 펼쳐질 경제 대공황의 시작을 알리는 비극의 신호탄이었다.

길거리는 돈을 잃은 투자자로 넘쳐 났고 기업도 무너지기 시작했다. 개인과 기업에게 빌려준 돈을 받지 못한 은행은 우후죽순으로 파산했다. 생산을 중단한 기업은 노동자를 해고했고 거리는 온통 실업자로 가득했다. 주식시장의 폭락은 도미노 현상을 일으켜 세계 경제를 마비시켰다.

일자리를 잃은 노동자들은 무료 급식소를 전전했다. 먹을 것이 없어서가 아니었다. 오히려 가게에는 팔리지 않은 식료품이 선반 가득 쌓여 있었다. 캘리포니아 농장에는 오렌지가 남아돌아 땅에 묻어 버릴 정도였다.

풍요 속의 빈곤에 지친 사람들의 분노는 정부를 향했다. 그동안 정부는 문제 해결에 적극적으로 나서지 않았다. 기다리다보면 언제나 그래 왔듯이 '보이지 않는 손'이 문제를 해결해 주리라 믿었다. 하지만 시간이 지나도 상황은 나아질 기미가 보이지 않았다. 오히려 피해는 눈덩이처럼 불어났고 경제는 더욱 수렁으로 빠져들었다.

프랭클린 루스벨트

풍요 속의 빈곤

흔히 저축은 미덕으로 여겨진다. 그러나 국가 입장에서는 꼭 그렇지 않다. 경기가 침체되면 미래가 불안해진 사람들은 소비를 줄이고 저축을 늘린다. 시장에 돈이 돌지 않으니 기업은 공장 문을 닫고 인력을 줄인다. 이처럼 남아도는 자원을 활용하지 못하고 상황이 나빠지는 현상을 풍요 속의 빈곤이라 한다.

1933년, 이런 상황에서 대통령 선거가 열렸다. 프랭클린 루스벨트는 변화를 향한 국민의 간절한 희망을 등에 업고 미국의 제32대 대통령으로 당선됐다.

미국 역사상 유일무이한 4선 대통령

루스벨트는 1882년 미국 뉴욕주에서 태어났다. 금수저를 물고 태어난 그는 유복한 환경에서 귀족 교육을 받으며 성장했다. 하버드 대학교에서 법학을 전공한 그는 졸업 후 변호사로 일하다 정치에 발을 들였다. 자연스러운 수순이었다. 그의 집안은 정치계와 매우 밀접했고 친척인 시어도어 루스벨트는 제26대 대통령을 지냈다.

순탄할 줄만 알았던 루스벨트의 인생에도 시련은 찾아왔다. 1921년 별장에서 찬물에 빠졌다가 하반신이 마비되는 소아마비 진단을 받은 것이다. 다행히 그의 곁에는 아내 엘리너 루스벨트

대통령 선거 당시 배지
대통령 선거에 출마한 루스벨트는 잊힌 사람들을 위한 정책을 약속했다.

가 있었다. 그녀는 각종 사회활동에 앞장서며 남편을 내조했다. 덕분에 평생을 휠체어에 의지해야 할 것이라는 진단에도 루스벨트는 성공적으로 정치계에 복귀했다. 한 걸음 더 나아가 뉴욕 주지사로 당선됐다. 그는 대공황이 한창이던 1930년대 초반, 뉴욕 시민을 돕는 여러 정책을 펼치며 호응을 얻었다.

대통령 선거에 출마한 루스벨트는 도시 노동자와 서민을 '잊힌 사람들'이라 부르며 그들을 위한 정책을 약속했다. 그의 연설은 벼랑 끝에 내몰려 있던 사람들에게 깊은 울림을 주었다.

그러나 대통령 당선이라는 영광의 순간은 길지 않았다. 루스벨트를 기다리는 것은 나락으로 떨어진 미국 경제와 국민들의 자존심이었다. 그는 취임식에서 자신감 넘치는 목소리로 국민들에게 희망의 메시지를 전달했다.

"우리가 두려워해야 할 것은 오직 두려움 그 자체입니다."

곧이어 루스벨트는 '뉴딜'이라 부르는 정책을 실시했다. 뉴딜을 이해하기 위해서는 대공황이 일어나기 직전 미국의 경제 상황을 알아 둘 필요가 있다.

대공황 처방약, 뉴딜

영국의 식민지에서 출발한 미국이 세계 경제의 중심이 된 계기는 제1차 세계대전이었다. 유럽 본토가 전쟁을 치르며 쑥대밭이 되는 동안 멀찍이 떨어져 있던 미국은 군수물자를 팔아 막대한 이익을 얻었다. 전쟁이 끝난 뒤에는 유럽의 복구와 재건에 필요한 물자를 생산하면서 전에 없던 큰 호황을 누렸다.

단숨에 큰돈을 벌게 된 사람들이 등장했고 길거리에는 재즈가 울려 퍼졌다. 그러나 번지르르한 겉과 달리 미국 경제는 속으로 곪아 가고 있었다. 분명 경제는 눈부시게 발전하고 있었지만 노동자 임금은 제자리였다. 공장에서 쏟아져 나오는 물건은

1929년 대공황 당시의 모습

가게에 식료품이 쌓여 있는데도 노동자들은 무료 급식소를 전전해야 했다.

프랭클린 루스벨트

팔리지 못하고 점점 쌓이기 시작했다. 이 와중에 주식시장은 엄청난 인기였다. 주식에 투자하면 무조건 돈을 벌 수 있다는 그릇된 믿음이 거품을 만들었고 머지않아 거품은 터지고 말았다. 그날이 '검은 목요일'이었다.

거품이 꺼진 자리는 참혹했다. 내버려 두면 시장이 저절로 굴러간다는 자유방임주의식 믿음은 더 이상 통하지 않았다. 그렇다면 거품으로 더러워진 자리는 누가 치워야 하나? 루스벨트는 정부가 그 역할을 도맡겠다고 했다. 두 팔을 걷어붙인 그는 멈춰 버린 경제에 시동을 걸기 위해 뉴딜을 시작했다.

뉴딜New Deal은 카드 게임에 나오는 용어다. 카드를 바꾸어 새롭게 시작한다는 게임 용어처럼 미국 경제를 새로 세우겠다는 뜻을 지니고 있다. 당시 뉴딜을 비판하는 여론도 만만치 않았다. 정부가 강력한 힘을 가지고 추진해야 했던 뉴딜을 사회주의적인 발상으로 여겼기 때문이다. 루스벨트는 신념을 굽히지 않고 그대로 밀고 나아갔다.

미국 정부는 일자리를 만들기 위해 대규모 공공사업을 벌이기 시작했다. '테네시강 개발공사'가 대표적이다. 당시 가장 낙후했던 테네시강 유역에 다목적댐과 발전소를 건설해 일자리 창출과 전력 공급에 힘썼다. 그리고 지방 정부와 함께 병원, 다리, 공원 등의 시설을 지어 일자리를 만들고 수많은 예술가를 지원했다. 덕분에 330만 명의 실업자가 일자리를 찾았다.

　루스벨트는 '잊힌 사람들'을 위한 정책을 만들겠다는 약속도 지켰다. 노동자를 위해 주당 44시간의 노동시간과 시급 25센트 이상의 최저임금을 법으로 정했다. 또한 65세 이상 노인, 실업자, 장애인에게 연금을 지급하는 등 오늘날에는 당연하지만 당시로서는 파격적인 정책을 펼쳤다. 필요한 비용은 부유한 사람들로부터 더 많은 세금을 걷어 마련했다.

　이러한 대대적인 개혁 덕분에 미국 경제는 칠흑 같은 어둠에서 점차 벗어났다. 당연히 루스벨트는 압도적인 표 차이로 재선에 성공했다.

케인스에서 루스벨트까지

　루스벨트가 두 번째 대통령 임기를 시작할 즈음, 대서양 건너 영국에서는 존 케인스의 《일반 이론》이 나왔다. 이 책은 애덤 스미스의 《국부론》, 카를 마르크스의 《자본론》과 더불어 3대 경제학 고전으로 꼽힌다.

　영국이 낳은 세계적인 경제학자인 케인스는 대공황으로 위기에 빠진 자본주의를 살린 영웅으로 평가받는다. 케임브리지 대학교에서 수학을 전공한 그는 경제학에도 뛰어난 두각을 나타내며 세계 곳곳에서 활약했다.

케인스는 제1차 세계대전 패전국들의 배상금을 정하는 파리 평화 회의에 영국 대표로 참가했다. 당시 영국을 비롯한 승전국들은 패전국인 독일에 막대한 배상금을 물렸다. 독일의 곳간을 텅텅 비워서 앞으로 전쟁 따위는 생각조차 할 수 없게 하려는 의도였다. 그러나 케인스는 이러한 조치에 강하게 반대했다. 엄청난 수준의 배상금이 독일 경제를 망치고 유럽의 평화를 방해할 것이라 생각했기 때문이다. 하지만 안타깝게도 그의 주장은 묻히고 말았다.

대공황이 닥치자 이번에도 케인스는 다른 경제학자들과 상황을 다르게 바라봤다. 그는 문제 해결에 소극적인 정부의 태도를 비판하며 "우리는 언젠가 모두 죽는다. 저절로 좋아지기만을 기다리면 너무 늦다. 정부가 나서야 한다"라고 주장했다. 또한 날카로운 시각으로 문제의 원인을 밝혀냈다. 그가 보기에 대공황의 뿌리는 소비자의 수요가 사라진 데 있었다. 대공황 때 실직한 광부와 어린 아들의 대화를 들어 보자.

"아빠, 추운데 왜 난로에 석탄을 안 때는 거예요?"

"아빠가 일자리를 잃어서 석탄 살 돈이 없단다."

"왜 일자리를 잃었는데요?"

"사람들이 석탄을 안 때서 그렇지."

돈이 부족한 소비자가 소비를 줄이면 생산자 역시 이익을 얻지 못한다. 결국 노동자는 해고당하고 사정이 어려워진 이들이 소비를 줄이는 악순환이 반복된다.

케인스는 문제를 해결하는 방법을 다음과 같이 쉽게 설명했다.

> "우선 정부가 유리병에 지폐를 가득 채워 땅 곳곳에 묻습니다. 그런 다음 기업들에게 마음껏 파내도록 하지요. 돈 파내기에 혈안이 된 기업들은 최신 기계를 사거나 사람들을 고용할 것입니다. 얼핏 보면 바보 같아 보이지만 아무것도 하지 않는 것보다는 낫습니다."

정부가 나서서 가난한 사람들의 주머니를 채워 줘야 한다는 케인스의 주장은 루스벨트가 추진한 뉴딜과 비슷하다. 실제로 루스벨트는 케인스에게 자문하며 정책을 추진하는 데 많은 영향을 받은 것으로 알려져 있다.

미국에서 펼쳐진 뉴딜의 성공은 케인스의 말이 옳았음을 증명했다. 이후 세계 경제는 오랜 세월 따라온 자유방임주의에서 벗어나 정부의 개입이 늘어나는 '수정자본주의'의 길로 접어들었다.

뉴딜은 계속된다

대공황 당시 사회주의 국가였던 소련은 별다른 타격을 받지 않았다. 그러나 미국은 자본주의를 포기하지 않고 뉴딜로 위기를 슬기롭게 극복했다. 미국 국민은 희망과 자신감을 되찾았다. 이는 후에 미국이 세계 초강대국으로 발돋움하는 발판이 됐다. 유럽 국가들이 대공황을 극복하기 위해 식민지를 옥죄거나 파시즘을 만들어 극단적인 분위기로 치달은 것과 비교하면 놀라운 성과다.

정부가 돈을 푼다고 해서 위기에 빠진 경제가 반드시 회복되는 것은 아니다. 루스벨트의 뉴딜 역시 1937년에 들어서자 효력이 떨어지기 시작했다. 실업률은 다시 높아졌다. 당시 재무장관은 국회 청문회에서 이렇게 말했다.

"이전에 없던 수준으로 돈을 썼지만 효과가 없습니다. 이번 정부가 집권한 지 8년이 지났지만 처음 시작할 때만큼 실업률이 높습니다. 게다가 부채도 어마어마합니다."

미국 경제는 제2차 세계대전이 터지고 나서야 완전히 회복됐다. 제1차 세계대전 때와 마찬가지로 세계의 군수 공장 역할을 하며 승승장구한 것이다.

뉴딜은 정부 개입 역시 만병통치약은 아니라는 교훈을 남겼다. 정부가 지출을 늘리기 위해 세금을 많이 거두는 바람에 도리어 경제 활력이 떨어지기도 했다. 이에 1970년대 이후에는 다시 정부의 역할을 최소화하고 시장에 맡기자는 '신자유주의'가 일었다.

역사는 반복된다. 코로나19 바이러스는 세계 경제를 또다시 공황으로 몰아갔다. 각국 정부는 다시 경제에 적극 개입하며 돈을 풀기 시작했다. 우리나라 역시 마찬가지다. 2020년 이후 다섯 차례에 걸쳐 국민에게 재난지원금을 나눠 주며 소비를 늘리고자 했다. 정부가 적극적으로 나서는 까닭은 소득이 줄어든 사람들이 지갑을 닫을 때 얼마나 무시무시한 일이 벌어지는지 대공황을 통해 배웠기 때문이다.

경제가 어려워질 때마다 사람들은 루스벨트를 떠올린다. 가장 높은 곳에 있으면서도 낮은 곳에 있는 사람들의 삶을 보살핀

$ 지식 더하기

파시즘

대공황은 전 세계로 퍼져 나갔다. 미국은 뉴딜로, 영국이나 프랑스는 식민지로 문제를 해결하고자 했다. 하지만 이탈리아, 독일, 일본은 마땅한 방법을 찾지 못했다. 이들은 침략 전쟁을 벌이기로 작정했다. 독일의 나치, 이탈리아의 파시스트당, 일본의 군국주의 정부는 국가의 승리를 위해 개인의 자유를 억압했다. 이러한 사상을 파시즘이라고 한다.

프랭클린 루스벨트

지도자, 위대한 리더십으로 국민들에게 희망을 심어 준 지도자, 대공황과 제2차 세계대전이라는 역사적 위기에서 국민을 통합한 지도자로서 루스벨트의 모습은 앞으로도 인류 역사에 끊임없는 울림을 줄 것이다.

초인플레이션과 파시즘

1914년 사라예보에서 오스트리아 황태자 부부가 암살당했다. 오스트리아는 세르비아에 전쟁을 선포했고 독일, 러시아, 프랑스, 영국 등이 전쟁에 뛰어들었다. 제1차 세계대전의 시작이었다. 4년간 피비린내 나는 전쟁은 독일 동맹국의 패배로 막을 내렸다. 승전국들은 독일의 재기를 막기 위해 혹독한 전쟁 배상금을 물렸다. 독일은 고민에 빠졌다. 전쟁을 치르느라 엄청난 돈을 써서 도저히 배상금을 지불할 여력이 없었기 때문이다. 결국 돈을 찍고 또 찍어 내는 최악의 수를 두기에 이르렀다.

독일 사회는 물가가 기하급수로 오르는 초인플레이션에 직면했다. 벽난로에 장작 대신 돈다발을 넣어 불을 지폈고, 달걀 하나를 사기 위해 수레 가득 돈을 싣고 다녔다. 미래에 대한 희망이 사라지며 경제가 무너졌다. 독일 정부는 렌텐마르크라는 새 화폐를 발행하며 사태를 수습하려 했다. 하지만 엎친 데 덮친 격으로 경제 대공황이 오면서 독일 국민은 분노에 휩싸였다. 이때 등장한 이가 히틀러였다. 히틀러는 독일의 영광을 되찾겠다는 말로 압도적인 지지를 얻으며 정권을 잡았다. 그리고 침략전쟁을 준비하며 군수 공장을 돌려 경제를 일으켰다. 결국 1939년 독일이 폴란드를 침공하며 제2차 세계대전의 비극이 시작됐다.

7

진정한

승리의 설계자

마셜 플랜

1880~1959

조지 마셜

조지 마셜

George Marshall

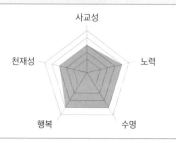

제가 좀
한 직설 합니다만.

프로필		대표 이력
출생·사망	1880년~1959년	노르망디 상륙작전 설계
국적	영국	미국 육군 참모총장 역임
직업	군인, 정치가	마셜플랜 제창
특이사항	군인 최초로 노벨평화상 수상	

관계성

드와이트 아이젠하워 #전쟁_영웅 #노르망
디_상륙작전_지휘

루스벨트 프랭클린 #상사와_부하_사이 #직
언 오히려 좋아

재미로 보는 인물 그래프

사교성
노력
수명
행복
천재성

오늘날 세계에서 가장 강력한 군대를 가진 국가는 미국이다. 그러나 제2차 세계대전이 일어나기 전까지만 해도 미 육군은 별 볼 일 없었다. 작은 규모에 장비도 구식인 데다 체계도 잡히지 않아 유럽의 변방국보다 못하다는 평가를 받았다.

그런 육군을 5년 만에 가장 강력한 군대로 만들고 미국, 영국, 소련, 프랑스 각국의 지도자들을 조율해 전쟁을 승리로 이끈 주인공이 있다. 바로 조지 마셜이다. '승리의 설계자'로 불린 마셜에 대해 알아보자.

제2차 세계대전의 숨은 영웅

앞서 살펴본 대공황은 미국에서 시작됐지만 유럽에도 엄청난 타격을 주었다. 특히 독일의 상황은 재앙 그 자체였다. 독일은 제1차 세계대전에서 패배해 식민지를 잃었다. 배상금도 이제야 겨우 갚아 가나 싶었는데 대공황이라는 치명타까지 맞았으니 독일의 경제는 회복하기 어려운 지경에 이르렀다. 인구의 3분의 1이 실업자로 전락했고 혼란을 틈타 사회주의자들이 활개를 쳤다. 독일 국민은 불안한 상황을 타개해 줄 강력한 지도자를 원했다. 그때 등장한 사람이 아돌프 히틀러다.

히틀러
화려한 언변으로 독일 국민을 사로잡은 히틀러는
제2차 세계대전을 일으켰다.

히틀러는 사회주의자들을 탄압했다. 그리고 경제 파탄의 원인을 유대인의 과도한 욕심 탓으로 돌리며 국민을 단합시켰다. 독일의 잃어버린 영광을 되찾겠다고 외치는 히틀러와 나치는 열렬한 환호를 받았다. 국민의 지지를 등에 업은 히틀러는 경제 회복에 박차를 가했다. 막대한 정부 지출을 통해 도로를 만들고 멈춰 있던 무기 공장을 돌리자 경제는 활기를 되찾기 시작했다.

1939년 히틀러는 세계를 정복하겠다는 야심을 품고 폴란드를 침공했다. 6년간 약 6,000만 명의 목숨을 앗아 간 제2차 세계 대전의 시작이었다. 각종 전투와 나치의 광신적인 인종차별 정책으로 유럽 대륙에는 피바람이 몰아쳤다. 나치는 아우슈비츠를 비롯한 강제수용소에 유대인을 몰아넣고 강제 노동을 시켰다. 또한 가스실에서 유대인을 학살하는 만행까지 저질렀다.

　미국은 대서양 건너에서 벌어지는 일에 뛰어들지 않고 상황을 지켜보고 있었다. 오히려 전쟁 덕분에 반사이익을 얻는 중이었다. 군수물자에 대한 수요가 늘자 미국 기업들은 눈부시게 성장했고 대공황은 옛말이 됐다. 하지만 1941년 일본이 하와이 진주만을 공습하자 미국도 참전을 선언할 수밖에 없었다. 전쟁 전 20만 명에 불과했던 미 육군은 단기간에 800만 명으로 늘어났다. 갑자기 규모가 커져 오합지졸이 되기 십상이었지만 육군 참모총장이었던 마셜의 리더십 덕분에 미국은 성공적으로 전투에 임할 수 있었다.

💰 지식 더하기　⊗ ⊖ ⊗

반사이익
의도하지 않았는데 어떤 일이 일어나서 뜻밖의 이익을 얻었을 때 쓰는 말이다. '어부지리'와 비슷한 맥락이다. 예를 들어, 코로나19로 온라인 쇼핑을 즐기는 사람이 많아졌다면 관련 사업을 하는 회사들은 저절로 매출이 늘어날 테니 반사이익을 얻은 셈이다.

1944년 연합국(미국, 영국, 프랑스 등)과 추축국(독일, 일본, 이탈리아 등)은 여전히 엎치락뒤치락하고 있었다. 독일은 프랑스의 수도인 파리를 점령하며 서쪽으로 세력을 넓혔다. 이를 막아 낼 방법은 단 하나였다. 대규모 상륙작전을 통해 독일의 서쪽 전선을 막는 것이었다. 작전을 계획한 마셜은 이를 탐탁지 않게 여기는 미국 대통령과 영국 총리를 설득하는 데 성공했고 마침내 노르망디 상륙작전을 개시했다.

작전 성공으로 전쟁은 비로소 끝을 보이기 시작했다. 서쪽 전선을 잃은 독일은 동쪽에서도 소련에게 지는 바람에 힘을 잃었다. 같은 편이던 이탈리아도 연합국 공습에 항복을 선언했다. 미국은 전쟁을 마무리하기 위해 히로시마, 나가사키에 핵폭탄을 떨어뜨렸고 일본의 항복으로 6년에 걸친 피비린내 나는 전쟁은 끝났다.

그런데 여기서 드는 의문이 하나 있다. 마셜이 역사적 순간에 활약한 군인이라면 왜 우리는 그에 대해 들어 보지 못한 걸까? 왜 그의 이야기는 역사책 앞 페이지에 등장하지 않는 걸까?

무대 뒤의 마셜 이야기

전쟁을 한 편의 영화라고 한다면 전장에 뛰어든 군인들은 주연 배우들이다. 노르망디 상륙작전을 이끈 드와이트 아이젠하

워나 한국전쟁 당시 인천 상륙작전을 이끈 더글라스 맥아더가 우리에게 잘 알려진 이유도 그들이 특급 활약을 펼친 주연이기 때문이다.

마셜은 영화감독이었다. 비록 전쟁터에 모습을 드러내지는 않았지만 그의 흔적은 전쟁 곳곳에 묻어 있다. 각종 계획을 세우고 배우들에게 어디서 어떤 역할을 해야 하는지 알려 준 사람이 마셜이기 때문이다. 한마디로 그가 없었으면 영화가 제대로 만들어지지도, 결말을 맺지도 못했을 것이다.

사실 마셜은 누구보다 전쟁터에 가길 원했다. 특히 자신이 계획한 노르망디 상륙작전의 지휘관 자리를 대통령에게 간절히 요청했지만 거절당했다. 루스벨트 대통령이 마셜을 대신할 수 있는 인물은 아무도 없다고 생각해 그를 곁에 두고자 했기 때문이다. 그때 마셜을 대신해 전쟁을 지휘했던 아이젠하워는 전쟁 영웅이 되어 훗날 미국 대통령이 됐다.

마셜은 타고난 정치가는 아니었다. 대통령이 농담해도 결코 웃지 않을 정도로 뻣뻣한 사람이었다. 그는 아부도 못하고 쌀쌀 맞아 보이는 탓에 승진과는 거리가 먼 삶을 살아왔다. 그런데 유럽에 전운이 감돌던 1939년 4월, 루스벨트 대통령은 마셜을 육군 참모총장으로 임명했다. 파격적인 승진이었다. 엘리트 학교 출신도 아닌 군인이 그토록 높은 자리에 오른다는 건 역사상 전

례가 없는 일이었다. 마셜은 영광스러운 제의에도 넙죽 엎드리지 않았다. 오히려 담담하고 당돌하게 이야기했다.

> "대통령님, 저는 직설적으로 말을 하는 습관이 있습니다.
> 그리고 아시는 것처럼 그것 때문에 종종 대통령님이 불쾌하실
> 수도 있습니다. 그래도 괜찮으시겠습니까?"

이 말을 들은 루스벨트는 사람을 제대로 골랐다고 생각했다. 마셜은 자리에 연연하지 않고 언제 어디서나 자신의 몫을 다했다. 퇴장 또한 겸손했다. 거창한 은퇴식 없이 조용히 자리에서 물러나 사회봉사를 하며 말년을 보냈다.

사회주의 물결의 대항마, 마셜 플랜

전쟁이 끝나자 연합국은 패전국 독일을 어떻게 처리할 것인지를 두고 고민에 빠졌다. 연합국 주축이던 미국, 영국, 프랑스, 소련은 일단 독일을 4개 지역으로 분할해 점령하기로 했다. 소련은 기회를 놓치지 않고 물밑 작업을 시작했다. 독일의 주변 국가에 공산정권이 들어오도록 도왔고 머지않아 독일까지 공산화할 속셈이었다. 위기를 느낀 미국의 해리 트루먼 대통령은 1947년 트루먼 독트린을 발표하며 소련에 대응했다.

세 달 뒤, 미국 하버드 대학교에서 제296회 졸업식이 열렸다. 수많은 유명 인사가 참석했는데 이 중에는 마셜도 있었다. 마셜은 연설에서 파탄 난 서유럽 경제를 강조하며 트루먼 독트린을 구체화했다.

> "미국은 세계 경제가 정상화되도록 무슨 일이든 해야 합니다.
> 그렇지 않으면 정치적 안정도, 평화도 없습니다. 우리의 정책은
> 특정 국가가 아니라 기근, 가난, 절망, 혼돈을 막기 위한 것입니다.
> 우리의 요구 조건에 동의하고 경제 재건을 위해 함께 노력한다면,
> 미국은 기꺼이 아낌없는 원조를 제공할 것입니다."

이후 미국은 천문학적인 액수의 돈을 유럽에 쏟기 시작했다. 이른바 '마셜 플랜'이 시작된 것이다. 1948년 4월 3일 공식 발표된 마셜 플랜의 정식 명칭은 '유럽부흥계획'이다. 하지만 이 계획

⑤ 지식 더하기

트루먼 독트린
1947년 3월, 트루먼 대통령은 미국이 외교 정책을 앞으로 어떻게 펼쳐 나갈지 국제 사회에 알렸다. 국제 정세에 적극적으로 개입해 공산주의의 확대를 막기 위해서였다. 트루먼 대통령은 전쟁으로 피폐해진 자본주의 국가를 도와 자유를 수호하겠다고 외쳤다. 이를 트루먼 독트린이라 한다.

조지 마셜

마셜 플랜 포스터
당시 원조를 받은 나라의 국기가 풍차로 그려져 있다.

을 처음 제안한 사람이 당시 미국의 국무장관이었던 마셜이었
기 때문에 주로 마셜 플랜이라 부른다.

　미국은 요구 조건만 받아들이면 어떤 나라든 도와주겠다고
강조했다. 경제를 개방하고 정치를 개혁하며 국제단체의 감시를
받는 것이 조건이었다. 미국의 원조를 받는 16개국에는 서독도
있었다. 아니, 제2차 세계대전의 원흉인 독일에게 경제적 지원이
라니? 미국은 세계 평화를 이루기 위해서는 이웃 나라의 경제적

어려움부터 해결해야 한다고 판단했다.

물론 또 다른 이유도 있었다. 바로 공산주의 확장을 막기 위해서였다. 공산주의는 경제적 어려움을 통해 스며든다. 자본주의는 능력에 걸맞은 삶을 살 수 있다고 외치는 반면, 공산주의는 모두 평등하게 먹고살자고 말한다. 만약 여러분이 어려운 상황에 처해 있다면 어느 말이 더 달콤하게 들리겠는가?

미국은 마셜 플랜을 통해 4년간 130억 달러(오늘날 가치로 1,300억 달러)를 지원했다. 이 외에도 각종 산업 기술을 제공해 유럽의 재건을 도왔다. 제2차 세계대전으로 얻은 막대한 부를 유럽에 조금은 돌려준 셈이다.

마셜 플랜 덕분에 유럽에는 엄청난 경제적 풍요가 찾아왔다. 전쟁 이전의 경제력을 회복한 것도 모자라 경제 규모는 더욱 커졌다. 기술 발전으로 수백만 개의 일자리가 생겼으며 경제와 정치가 안정됐다. 먹고살 문제가 해결된 유럽은 복지국가 정착을 위해 애쓰기 시작했다. 오랫동안 잊고 있던 르네상스가 꽃핀 것이다. 마셜은 평화와 경제 발전에 이바지한 공로를 인정받아 1953년에 군인으로서는 최초로 노벨평화상을 수상했다.

냉전과 사회주의의 몰락

마셜은 노벨평화상을 받았지만 안타깝게도 그가 이룩한 평화는 반쪽짜리였다. 세계는 미국이 주도하는 자본주의 진영과 소련이 주도하는 사회주의 진영으로 쪼개졌다. 냉전의 시작이었다. 냉전은 말 그대로 '차가운 전쟁'이다. 양측 동맹국이 서로를 적대시하며 팽팽한 긴장 상태가 이어졌으나 전쟁이나 무력 충돌은 없었기 때문에 붙은 이름이다.

냉전이 본격화되자 소련은 매섭게 치고 나갔다. 1949년에는 핵 개발에 성공했고 뒤이어 1957년에는 최초의 인공위성인 스푸트니크 1호를 발사했다. 소련의 비행사 유리 가가린은 인류 최초로 유인 우주 비행에 나서기까지 했다. 큰 충격에 빠진 미국은 이에 질세라 우주 개발에 막대한 예산을 쏟았다. 그 결과 1969년에 아폴로 11호를 발사해 인류 최초로 사람을 달에 보냈다. 두 국가의 경쟁 덕분에 과학 기술은 눈부신 발전을 이뤘다.

아슬아슬한 상황도 펼쳐졌다. 1962년에는 쿠바 미사일 위기로 제3차 세계대전이 일어나기 직전까지 치달았다. 쿠바는 미국 아래에 위치한 작은 섬나라다. 1959년 피델 카스트로가 혁명을 일으켜 쿠바에 공산정권이 들어서면서 미국과 사이가 틀어졌고 갈등이 고조됐다. 위기를 느낀 쿠바 정부는 공산 진영의 큰형님인 소련과 몰래 접촉했다. 그리고 자기 영토 안에 미사일을 설치해 달라 요청했다.

소련은 쿠바의 요청을 기꺼이 받아들였다. 그렇지 않아도 미국 때문에 심기가 불편한 상황이었다. 당시 미국이 터키와 이탈리아에 미사일을 설치했는데, 소련이 사정권에 들어갔기 때문이다. 소련은 쿠바에 미사일을 설치하면 미국을 견제할 수 있을 거라 판단했다.

이를 눈치챈 미국은 대규모 전함을 동원해 쿠바의 영해를 봉쇄했다. 격분한 소련은 핵잠수함으로 미국의 봉쇄를 뚫고자 했다. 인류를 날려 버릴 수 있는 핵전쟁이 코앞까지 다가와 있었다. 다행히 전력의 열세를 느낀 소련이 미사일을 철거하겠다고 선언했다. 미국 역시 터키에 있던 미사일을 치웠다. 대재앙을 피하고 싶었던 양국의 합의 덕분에 위기는 일단락됐다.

이후 냉전은 더욱 심해졌다. 양국이 믿을 것은 힘뿐이라는 생각으로 군사력에 막대한 돈을 썼기 때문이다. 소련은 돌이킬 수 없는 강을 건넜다. 정부가 군사력과 과학 기술에 돈을 쏟아붓는 동안 국민은 가난으로 궁지에 내몰리고 있었다.

소련의 공산당 서기장 미하일 고르바초프는 막장으로 치닫는 소련 경제를 살리기 위해 개방 정책을 추진했다. 그러자 기다렸다는 듯이 사회주의 국가들의 불만이 터져 나왔다. 결국 1990년 동독이 공중으로 분해된 것을 시작으로 사회주의 진영은 스스로 사라지기에 이르렀다. 1991년에는 마침내 소련마저 무너지며 공산주의 실험은 사실상 실패로 끝났다. 냉전 역시 자연스럽게 막을 내렸다.

이제 세계에 남은 유일한 냉전 지대는 한반도다. 우리나라와 미국은 한반도판 마셜 플랜을 계획했다. 북한이 핵을 포기하면 경제적 번영을 돕겠다는 것이다. 하지만 그런 일은 일어나지 않았다. 언젠가는 한반도판 마셜 플랜이 지구촌에 진정한 평화를 가져오길 바라 본다.

브레턴우즈 협정과 달러

오늘날 모든 국가는 곳간에 달러를 가득 쌓아 둔다. 달러가 국제거래의 결제 수단이자 환율을 결정할 때 기준이 되는 기축통화기 때문이다. 달러가 이토록 큰 위상을 가지게 된 건 70여 년 전부터다. 제2차 세계대전이 끝나가던 1944년 7월 1일, 연합국 동맹국과 식민지에서 온 대표단은 미국 뉴햄프셔주의 작은 휴양지인 브레턴우즈에 모였다. 독일과 일본의 패배가 거의 확실해지자 앞으로의 세계 경제질서를 의논하기 위해서였다.

각국 대표단은 새로운 통화 제도에 대해 논쟁을 벌였다. 전쟁으로 경제가 무너진 영국의 파운드는 더 이상 기축통화 역할을 할 수 없었다. 이에 영국 대표인 존 케인스가 새로운 통화를 만들 것을 제안했으나 미국은 달러를 채택할 것을 주장했다.

대표단은 미국의 손을 들어 주었다. 미국이 동참하는 국가들의 해상무역을 보호하고 자국 시장을 개방하기로 약속했기 때문이다. 명실상부 기축통화의 자리에 오른 달러는 35달러에 금 1온스의 가치를 갖게 됐다. 이때부터 세계 무역은 달러로 결제가 이루어졌다. 브레턴우즈 체제는 20년 넘게 유지되다가 1971년에 무너졌다. 하지만 달러는 미국의 영향력 아래서 여전히 세계의 기축통화로 자리매김하고 있다.

8

일곱 번 넘어져도

기업가 정신

다시 한번

1910~1987

이 병 철

이병철

지금의 삼성을
누가 만들었게?

프로필		대표 이력
출생·사망	1910년~1987년	삼성상회 창립
국적	한국	제일제당 창립
직업	기업가	제일모직 창립
특이사항	대한민국을 반도체 강국으로 이끈 주역	삼성전자 창립

관계성	재미로 보는 인물 그래프
이건희 #셋째_아들 #삼성전자_2대_회장 **구인회** #LG그룹_창업주 #사돈이자_라이벌	

미국의 애플, 일본의 토요타는 각 나라를 대표하는 기업이다. 우리나라를 대표하는 기업은 어디일까? 2021년 시가총액 기준으로 세계 100대 기업에 속하는 우리 기업은 삼성전자가 유일하다. 대한민국 역사상 세계에서 유례없는 성공을 거둔 삼성전자로 대표되는 삼성 그룹은 우리나라 최대 규모의 다국적 기업이다. 하지만 이렇게 화려하고 거대한 조직의 출발점이 지방의 작고 초라한 쌀 공장이었다는 사실을 아는 이는 별로 없다.

삼성을 창업한 이병철은 숱한 실패와 도전 끝에 기적과도 같은 일을 해냈다. '호암'은 호수처럼 맑은 물을 잔잔하게 가득 채우고, 큰 바위처럼 흔들리지 않는 준엄함을 뜻하는 그의 호다. 유연하지만 단단한 호암 이병철의 삶과 그곳에 녹아 있는 대한민국의 역사를 알아보자.

미꾸라지와 메기

이병철은 1910년 경상남도 의령에서 대지주 집안의 막내아들로 태어났다. 그러나 금수저라고 해서 이병철이 처음부터 성공적인 인생을 살았던 것은 아니다. 그는 대학 시절 일본으로 유학을 떠났지만 건강 문제로 귀국한 후, 도박에 빠져 몇 년을 허송세월했다. 이미 세 아이를 둔 가장이었지만 먹고살 걱정을 하지 않아도 됐던 탓에 별다른 목표 없이 하루하루를 살았다.

그러던 어느 날, 문득 정신을 차린 이병철은 밤새 자신이 할 수 있는 것들을 떠올려 봤다. 독립운동을 할까, 공무원이 될까, 사업을 할까 고민하던 그는 사업을 인생의 방향으로 정했다. 사업에는 자신이 있었기 때문이다.

사업에 대한 이병철의 재능과 태도가 잘 드러나는 일화가 있다. 그가 일본에서 돌아와 자신의 고향인 의령에서 농사를 지을 때 이야기다. 당시는 농사가 잘되면 논 1마지기(200평)에서 쌀 2가마니가 나오던 시절이다. 이병철은 실험 삼아 논 1마지기에는 벼를 심고, 다른 1마지기에는 미꾸라지 1,000마리를 사다가 길렀다. 가을이 되자 벼를 심은 논에서는 예상대로 쌀 2가마니가 생산됐다. 그리고 미꾸라지를 기른 논에서는 미꾸라지가 약 2,000마리로 늘었다. 미꾸라지를 전부 잡아서 시장에 내다 팔았더니 쌀 4가마니 값을 받았다.

이듬해 이병철은 또 다른 방식으로 실험을 했다. 한쪽 논에는 미꾸라지 1,000마리를, 다른 논에는 미꾸라지 1,000마리와 미꾸라지를 잡아먹고 사는 메기 20마리를 같이 넣고 길렀다. 그해 가을에 양쪽 모두 확인해 보니 처음 논에는 전처럼 미꾸라지가 2,000마리로 늘었다. 그런데 메기와 미꾸라지를 같이 넣어 길렀던 논에서는 미꾸라지가 4,000마리로 불어났고 메기도 200마리로 늘어났다. 메기가 열심히 미꾸라지를 잡아먹었을 텐데 왜 이런 일이 벌어졌을까? 고민하던 이병철은 하나의 깨달음을 얻었다. 생명은 고통과 위험이 닥쳐오면 살아남기 위해 더 활발히 움직이고 강인해진다는 것이다.

이병철은 부유하고 안락한 환경이 도리어 생존 본능을 잃게 만드는 독이라는 사실을 깨달았다. 이후 그는 메기 앞에 놓인 미꾸라지처럼 스스로를 채찍질하며 사업을 시작했다. 그 시작은 경상남도 마산의 작은 정미소였다.

50년 역사와 함께한 사업 인생

지난 100년간 대한민국 역사는 롤러코스터나 다름없었다. 일제강점기와 한국전쟁이라는 굴곡을 겪으며 아래로 쭉 내려갔다가 불과 50년 만에 **경제협력 개발기구** 가입국이 되는 초고속

> ♫ **지식 더하기** ⊗ ⊖ ⊘
>
> 경제협력 개발기구(OECD)
> 1961년 세계 경제 성장과 무역 확대를 목적으로 창설된 국제 기구다. '선진국 모임'이라는 별명 때문에 우리나라가 1996년 경제협력 개발기구에 가입했을 때 국민 모두가 선진국에 속했다며 기뻐했다. 하지만 이는 오해다. 가입 조건이 까다롭기 때문에 선진국이 중심이 되어 있긴 하지만, 멕시코나 콜롬비아처럼 경제 상황이 어려운 국가 역시 가입해 있다.

성장기를 지나왔다. 대한민국의 역사와 함께한 이병철의 사업 인생 역시 변화무쌍하고 눈부셨다.

이병철의 첫 번째 사업은 벼를 가공해 쌀로 만드는 정미업이었다. 1930년대 아담한 항구도시였던 마산은 경상남도 일대의 쌀 수백만 석이 모였다가 일본으로 실려 가는 곳이었다. 그러나 정미소가 부족해서 벼를 쌓아 두는 일이 예사였다. 이곳에 정미소를 차려 많은 돈을 번 이병철은 은행에서 대출을 받아 토지를 사들였다. 상황은 순식간에 역전됐다. 1937년 중일전쟁이 발발하며 정미소는 문을 닫았고 땅값은 폭락했다. 그동안 번 돈이 모조리 허공에 흩어졌다. 이때의 실패는 이병철에게 두 가지 교훈을 남겼다. 국내외 정세를 정확히 파악하는 안목을 갖추고 무모한 욕심은 버리자는 것이다.

이병철은 새로운 사업을 시작했다. 이번에는 무역업으로 회사의 이름을 **삼성**으로 지었다. 그런데 사업이 자리를 잡아 가던

💰 **지식 더하기**　　　　　　　　　　　　　⊗ ⊖ ⊗

삼성

이병철은 그의 자서전 《호암자전》을 통해 기업 이름을 삼성(三星)으로 지은 까닭을 밝혔다. 숫자 3(三)은 한국인이 가장 좋아하는 숫자이며 크고 많고 강한 것을 뜻한다. 성(星)은 밝고 높고 영원한 별을 의미한다. 다시 말해 삼성은 '크고 강하게 영원히 빛나다'라는 뜻을 담고 있다.

1938년 삼성상회 오늘날 삼성 그룹의 출발이 됐다.

즈음 한국전쟁이 터지며 일궈 놓은 모든 것들이 잿더미로 변해 버렸다. 만약 그때 멈췄다면 오늘날 삼성은 존재하지 않았을 것이다. 이병철은 2번의 실패를 다음 사업을 위한 자양분으로 삼았다.

1950년대 지구상에 한국보다 가난한 나라는 없었다. 이 와 중에도 이병철은 끊임없이 기회를 찾아 나섰다. 당시 우리나라는 전쟁으로 공장이 대부분 불타 버려 생필품을 수입에 의존하던 상황이었다. 우리 기술을 이용해 직접 물건을 생산해야 경제가 발전한다고 생각한 이병철은 제조업에 주목했다. 마침 운도 따랐다. 정부가 수입품을 대체하는 물건을 생산하는 기업에게 지원을 아끼지 않겠다고 약속했다.

당시 설탕은 100퍼센트 수입품이었기 때문에 몹시 비쌌다. 이병철은 곧바로 '제일제당'이라는 회사를 설립하고 공장을 세워 설탕을 생산하기 시작했다. 덕분에 설탕 가격은 확 내렸고 식탁은 풍요로워졌다.

제조업에서 성공을 맛본 이병철은 직물 사업으로 눈을 돌렸다. 당시 양복은 몇 달치 월급을 모아야 살 수 있을 만큼 비싼 옷이었다. 양복을 만드는 데 필요한 원단을 외국에서 수입해야 했기 때문이다. 이병철은 '제일모직'이라는 회사를 만들었다. 그리고 저렴하면서도 품질이 뛰어난 국산 원단을 만드는 데 성공했다. 나중에는 옷을 만들어 팔았다. 연이은 사업 성공으로 그는 엄청난 부를 쌓았다.

이병철은 대한민국 제일의 부자가 됐지만 성공에 안주하지 않았다. 설탕이나 옷 같은 경공업 위주의 사업에 한계를 느낀 그는 선진국에서 일어나는 전자혁명에 주목했다. 이후 이병철은 1969년 '삼성전자'를 설립하고 중공업에 뛰어들었다. 이 일로 사돈 지간이었던 LG 그룹의 구인회 회장과 라이벌이 되며 사이가 틀어졌지만 아무도 그의 결심을 꺾을 수는 없었다.

여기서 끝이 아니었다. 하루는 일본 기업가와 대담을 나누던 중이었다. 이병철은 그에게서 솔깃한 이야기를 전해 들었다. 미국과 일본의 일류 기업들이 너도나도 반도체 사업에 뛰어들고 있다는 소식이었다. 이병철은 설레는 마음을 안고 미국으로 날아갔다. 그곳에서 그는 반도체를 연구하는 젊은이들로부터 깊은 감명을 받았다. 그리고 치밀한 조사 끝에 반도체 사업에 뛰어들기로 결심했다. 그의 나이 73세의 일이었다.

모두가 무모한 결정이라며 이병철을 뜯어말렸다. 반도체는 호락호락한 사업이 아니었다. 이미 선진국들이 기술을 꽉 잡고 있었을 뿐 아니라 천문학적인 액수의 투자가 필요했다. 섣불리 나섰다가는 지금까지 이뤄 놓은 전부가 무너질 수 있었다. 하지만 이병철은 결정을 밀어붙였다. 기업과 국가가 도약하기 위해서는 꼭 필요한 도전이라 여겼기 때문이다.

불과 6개월 후, 작은 나라에서 기적이 만들어졌다. 삼성은 세계에서 세 번째로 반도체 개발에 성공했다. 그러자 선진국들의 견제가 이어졌다. 당시 세계 1위였던 미국의 반도체 기업은 제품 가격을 파격적으로 낮추며 가격경쟁을 주도했다. 후발 주자를 망하게 하려는 심산이었지만 삼성은 신기술 개발에 힘을 쏟으며 맞섰다. 이병철은 반도체 사업의 발전을 지켜보다가 77세의 나이로 세상을 떠났다.

이병철이 이끈 반도체 강국

이병철이 떠나고 자녀 중 가장 뛰어난 능력을 보였던 셋째 아들 이건희가 그의 빈자리를 메웠다. 이후 반도체 사업은 엄청난 속도로 발전해 갔다. 그렇게 발전을 거듭한 결과 반도체는 오늘날 우리나라에서 수출 1위를 차지하는 효자 상품이 됐다. 그야말로 반도체가 나라를 먹여 살린다 해도 과언이 아니다. 도대체 반도체가 무엇이기에 우리 경제에 이토록 중요한 역할을 하고 있는 걸까?

'전자산업의 쌀'이라 부르는 반도체는 전자제품을 작동시키는 데 꼭 필요한 핵심 부품이다. 기술이 발전할수록 반도체의 용량은 커지고 크기는 더욱 작아졌다. 오늘날 우리가 휴대폰을 주머니에 쏙 넣을 수 있는 것도, 액자처럼 얇은 TV를 볼 수 있는 것도 모두 반도체 기술이 발전한 덕분이다.

삼성은 미국, 일본이 6년에 걸쳐 개발한 반도체를 6개월 만에 만들어 냈다. 우리 기업들은 해를 거듭하며 기술력에서 앞서 나갔다. 1996년에는 미국에 이어 세계 반도체 판매량에서 2위를 달성하며 반도체 강국이 됐다.

그런데 오른쪽의 수출입 그래프를 보면 재미있는 사실을 하나 발견할 수 있다. 수출이 아닌 수입에서도 반도체가 높은 순위를 차지하고 있다. 어떻게 된 사연일까? 비밀은 반도체의 종류에

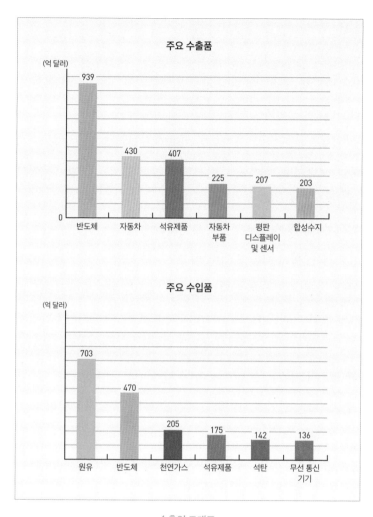

수출입 그래프

2020년 한국무역협회 조사에 따르면 우리나라는
반도체 수출에서 1위, 수입에서 2위를 차지했다.

있다. 우리나라가 수입하는 반도체와 수출하는 반도체는 종류가 다르다.

반도체는 용도에 따라 메모리 반도체와 비메모리 반도체로 나뉜다. 메모리 반도체는 데이터를 저장하고, 비메모리 반도체는 정보를 처리한다. 사람으로 치면 메모리 반도체는 기억을 잘하는 사람이고, 비메모리 반도체는 정보를 빠르게 받아들이고 계산하는 사람이라고 할 수 있다.

우리나라가 세계 1위를 차지하며 수출하는 품목은 메모리 반도체다. 세계 시장의 절반 이상을 우리나라 기업이 차지하고 있다. 그러나 세계 반도체 시장에서 메모리 반도체가 차지하는 비율은 20퍼센트 정도다. 나머지 80퍼센트는 비메모리 반도체 분야다. 앞으로는 4차 산업혁명에 힘입어 비메모리 반도체 시장이 급속히 커질 것으로 예상된다. 현재 비메모리 반도체 시장에서 우리나라 기업이 차지하는 비중은 5퍼센트로 매우 낮다.

세계를 무대로 하는 기업에 휴식이란 없다. 한국을 따라 반도체 강국이 되려는 나라들이 뒤를 바짝 쫓고 있다. 우리나라 기업들은 비메모리 반도체 분야에서도 경쟁력을 갖추기 위해 대규모 투자를 계속해 나가고 있다. 현재에 만족하지 않고 새로운 미래를 위해 도전을 쉬지 않는 이병철의 기업가 정신은 앞으로도 대한민국 경제의 밑바탕이 될 것이다.

기회는 도전과 함께 온다

이병철처럼 대단한 성공을 이룬 사람들의 이야기를 듣다 보면 왠지 복잡한 마음이 들기도 한다. '나는 별달리 대단한 능력이 없는데 나중에 어떤 일을 하면서 살아야 할까? 아직 꿈도 없는데?'라고 생각할 수도 있다.

이병철의 모습 역시 우리와 같았다. 80여 년 전, 그는 일본 유학을 마치고 할 일 없이 집에 누워 미래를 고민했다. 그러나 이병철은 꿈 없이 허송세월한 이 시간이 무척 소중했다고 말한다. 이때의 경험은 헛된 것이 아니라 오히려 삼성을 만드는 데 결정적인 영향을 끼쳤다.

> "어떠한 인생에도 낭비라는 것은 있을 수 없습니다. 10년 동안 무엇 하나 하는 일 없이 낚시만 했다고 칩시다. 그 10년이 낭비였는지 아닌지, 그것은 10년 후에 그 사람이 무엇을 하느냐에 달려 있습니다. 낚시를 하면서 반드시 무엇인가 느낀 것이 있을 것입니다. 그것을 어떻게 받아들여 훗날 소중한 체험으로 살리느냐에 따라 인생이 달라집니다."

중요한 것은 고민하는 것에서 그치지 않고 행동하는 것이다. 책상 앞에 가만히 앉아 있거나 침대에 누워 고민만 한다고 해서

이병철

변화가 생기지는 않는다. 이병철은 변화를 결심하자마자 전국을 떠돌며 기회를 찾아다녔다.

이병철에게는 생각을 곧바로 행동으로 옮기는 강한 추진력이 있었다. 또한 모든 것이 물거품으로 돌아간 두 번의 실패에도 다시 일어설 용기가 있었고 세계를 무대로 활동하는 배포와 안목이 있었다. 죽을 때까지 끊임없이 새로운 것을 배우고 뛰어든 도전 정신은 물론이다.

이병철은 정미소를 차릴 때까지만 해도 스스로 한국을 대표하는 기업을 만들 것이라고는 생각지 못했다. 우리 인생에도 어떤 길이 펼쳐질지 알 수 없다. 하지만 가만히 있으면 제자리일 뿐이다. 도전하고 모험할 때 비로소 새로운 기회가 찾아온다.

석유파동

1973년 10월 이집트와 시리아가 이스라엘을 공격하면서 제4차 중동전쟁이 발발했다. 미국이 이스라엘에 무기를 지원하자 이집트가 속한 석유수출국기구(OPEC)는 미국에 하던 석유 수출을 중단했다. 그러자 원유 가격은 4배나 치솟았고 세계 경제는 갑작스러운 침체와 물가 상승을 경험했다. 이른바 제1차 석유파동이었다.

우리나라도 피해 갈 수 없었다. 기업은 공장 가동 시간을 줄여야 했고 가정에서는 난방비 걱정으로 추운 겨울을 보냈다. 정부는 공휴일에 승용차 운행을 금지하는 캠페인을 벌였다. 다행히 당시는 우리나라가 중화학 공업을 육성하던 초기였기에 비교적 위기를 잘 넘길 수 있었다.

그러나 5년 후 제2차 석유파동이 일어났다. 이란혁명으로 중동 국가들의 정치가 불안해졌고 이란과 이라크 사이에 전쟁이 일어나 석유 생산이 급감했기 때문이다. 그사이에 중화학 공업이 성장하면서 석유 의존도가 커진 우리나라는 직격탄을 맞았다. 기업이 문을 닫고 실업자가 발생했으며 물가마저 폭등했다. 이후 석유 가격은 안정을 되찾았지만 우리나라는 언제 다시 일어날지 모르는 석유파동에 대비하고자 석유를 비축해 놓고 있다.

9

고양이가 검든 희든

흑묘백묘론   1904~1997

개혁 장인

덩샤오핑

덩샤오핑

鄧小平

쥐만 잘 잡으면 된다니까?

프로필		대표 이력
출생·사망	1904년~1997년	중국의 개혁개방 추진
국적	중국	흑묘백묘론
직업	정치가	중국의 제3대 최고지도자
특이사항	중국의 작은 거인	

관계성	재미로 보는 인물 그래프
마오쩌둥 #우리는_중국의_최고지도자 #1대 와_3대	
지미 카터 #미국_방문_당시_대통령 #친해 지길_바라	

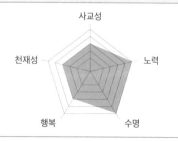

중국은 꽤 오랜 시간 동안 세계 경제의 중심이었다. 그러던 중국이 세계 경제의 주도권을 서양에 빼앗긴 결정적 계기는 19세기 중순에 일어난 **아편전쟁**이다. 아편전쟁 이후 중국 대륙은 서구 열강의 이권 다툼의 장으로 변했다.

1950년 마오쩌둥의 공산당은 반세기에 걸친 오랜 혼란을 수습하고 중화인민공화국을 수립했다. 그리고 대약진 운동을 실시했다. 짧은 시간 내에 부유한 국가로 만들고자 했던 욕심 탓일까? 대약진 운동은 4년 만에 중국 역사에 씻을 수 없는 흉터를 남겼다. 중국 전역에서 기근이 발생해 2,000만 명에서 4,000만 명이 굶주림으로 사망했고 경제는 퇴보했다. 그로부터 20년 후, 가난한 사회주의 국가로 전락한 중국에 구세주처럼 등장한 이가 있다. 바로 덩샤오핑이다.

---

⑤ 지식 더하기   ⊗ ⊖ ⊗

아편전쟁

청나라는 영국과 무역하면서 자국 화폐인 은화로 값을 지불할 것을 요구했다. 이에 영국 상인들은 은이 유출되는 것을 막고자 꾀를 냈다. 마약 물질인 아편을 청나라에 팔아 은화를 챙기려는 속셈이었다. 청나라로 스며든 아편은 사회 곳곳을 병들게 했다. 결국 청나라 조정은 아편 수입을 금지했고 영국은 자유로운 무역 권리를 침해당했다며 전쟁을 선포했다. 전쟁은 청나라의 참패로 막을 내렸다.

덩샤오핑

중국의 문을 연 작은 거인

덩샤오핑은 1997년 사망할 때까지 20년 가까이 중국을 이끌며 경제 발전을 위해 힘쓴 인물이다. '국가의 총설계사'라 불리며 여전히 많은 중국인의 존경을 받고 있는 덩샤오핑은 쓰촨성에서 지주의 아들로 태어났다. 유복한 환경에서 교육을 받은 그는 16세에 프랑스로 유학을 떠났다. 그리고 그곳에서 사회주의를 배웠다.

고국으로 돌아온 그는 정치가로 활동하기 시작했지만 순탄치 않았다. 결국 정치 싸움에 휘말려 시골로 쫓겨난 4년 동안 트랙터 공장의 노동자로 일하는 수모를 겪었다. 그동안 중국 정치와 경제는 혼란의 소용돌이로 빠져들었다. 결국 베이징에서는 그를 다시 불러들였다. 돌아온 덩샤오핑이 마주한 것은 피폐해질 대로 피폐해진 중국이었다. 그는 '경제 발전'을 최대의 과제로 삼아 정책을 추진하기 시작했다. 중국, 나아가 세계 역사의 물줄기를 바꾸는 결정이었다.

당시 중국의 현실은 끔찍하기 그지없었다. 정치가들이 사회주의 이념으로 다투는 동안 사람들은 굶주림 속에 방치됐다. 덩샤오핑은 이념보다 중요한 건 행동이라는 사실을 뼈저리게 깨달았다. 당장 나눠 먹을 빵조차 없어 굶어 죽고 있는데 사회주의가 무슨 의미가 있겠는가? 그는 3단계 발전을 약속했다.

"인민 여러분께 세 가지 약속을 드리겠습니다.

첫째, 저에게 10년만 주면 따뜻하고 배부르게 해주겠습니다.

둘째, 10년만 주면 생활을 편안하게 해주겠습니다.

셋째, 21세기가 되면 부유하게 만들어 주겠습니다."

덩샤오핑이 가장 먼저 집중한 것은 먹고사는 문제였다. 당시 중국은 넓은 영토와 많은 인구를 가졌는데도 자급자족할 수 없어 외국에서 식량을 수입해 와야 했다. 사회주의 국가답게 무엇이든 공동으로 생산하고 똑같이 나누고 있었는데 이게 문제였다. 열심히 일해도 내 것을 인정해 주지 않으니 아무도 열심히 일하려 하지 않았다.

덩샤오핑은 전면적인 개혁을 통해 기존 제도를 뜯어고치기 시작했다. 대표적으로 농민들이 책임지고 있는 생산량을 제외한 나머지를 마음대로 처분할 수 있게 했다. 이 말은 곧 열심히 농사지은 농작물을 팔아서 부자가 될 수 있다는 뜻이었다. 당연히 농부들의 의욕은 불타올랐고 생산량은 급증했다.

식량 문제가 어느 정도 해결되자 덩샤오핑은 나라 바깥으로 눈을 돌렸다. 당장 산업을 발전시키기에는 자본과 기술력 모두 부족한 상황이었다. 문제를 해결하기 위해 덩샤오핑은 개방 정책을 시행하기로 했다. 꾹 닫혀 있던 중국의 거대한 문을 세계를 향해 열어젖힌 것이다.

중국 내부에서는 덩샤오핑의 갑작스러운 행보를 비판하는 목소리가 높았다. 이때 그가 내건 슬로건이 그 유명한 흑묘백묘론이다. '검은 고양이든 흰 고양이든 쥐만 잘 잡으면 된다.' 중국 경제를 발전시킬 수만 있다면 사회주의든 자본주의든 상관없다는 의미였다. 덩샤오핑의 지도 아래 중국은 사회주의와 자본주의라는 정반대 체제에서 장점만 쏙쏙 골라 적용하기 시작했다. 이렇게 중국식 사회주의라 부르는 독특한 '사회주의 시장경제'가 탄생했다.

덩샤오핑의 개혁개방 정책은 성공적이었다. 특히 같은 길을 걸었던 다른 국가들과 비교하면 그 성과가 더욱 빛이 난다. 1980년대 후반 동독, 소련을 시작으로 수많은 사회주의 국가가 몰락했다. 북한은 세계 최빈민국으로 전락했다. 하지만 중국은 시장경제와 사회주의 정치체제라는 두 마리 토끼를 다 잡았다.

덩샤오핑의 체구는 150센티미터를 간신히 넘는 키에 몸무게는 60킬로그램이 채 안 됐을 만큼 작았다. 이런 그가 인구 14억 명의 거대한 중국을 일으켰으니 '작은 거인'만큼 적당한 별명은 없을 것이다. 또 다른 별명은 '부도옹不倒翁'이다. 흔들리지 않는 늙은이 또는 오뚝이라는 의미다. 수많은 정치 시련에도 굴복하지 않은 결과, 74세에 비로소 뜻을 펼치게 된 그에게 딱 맞는 별명이다.

물론 부정적인 평가도 있다. 덩샤오핑은 부자가 될 능력과 의지가 있는 사람이 먼저 부자가 돼야 한다는 '선부론'을 주장했다. 먼저 부자가 된 사람이 가난한 이들을 이끌어 주라는 의도였다. 하지만 그의 의도와는 달리 엄청난 빈부격차가 발생했다. 빈부격차는 오늘날까지도 사회주의 국가를 지향하는 중국을 괴롭히는 가장 큰 문제 중 하나다.

세계의 공장에서 세계의 시장으로

〈메이드 인 차이나 없이 살아보기〉라는 다큐멘터리가 있다. 다큐멘터리에 등장하는 인물들은 중국산 제품 없이 한 달을 살기로 했다. 결론부터 이야기하면 중국산 제품 없이 살기는 불가능했다. 전등마저 중국산이라 촛불에 의지하는 모습은 원시시대를 방불케 했다. 우리 주변에는 옷, 가구, 전자제품은 물론이고 눈에 보이지 않는 구석구석에 이르기까지 중국산 제품이 널려 있다. 중국산 제품은 어떻게 이토록 우리 생활 깊숙이 스며들게 됐을까?

개방 정책을 시행할 때 덩샤오핑이 처음부터 국가의 모든 문을 열어젖힌 건 아니었다. 남쪽 해안도시 몇 군데만 경제특구로 정하고 외국인들을 맞이했다. 혹시나 자본주의 물결이 내륙까지 퍼지면 곤란했기 때문에 일부러 멀리 떨어진 곳에서 시작한 것이다. 선전은 개방 정책의 수혜를 입은 대표적인 도시다. 당시 선전은 인구 3만 명의 작은 어촌 마을에 불과했다. 하지만 홍콩 바로 위에 위치한다는 이점이 있었다. 영국의 식민지였던 홍콩은 이미 자본주의 경제가 크게 발달한 곳이었다.

당시까지만 해도 중국은 서구에 미지의 국가였다. 그저 한국전쟁 때 침략자의 편을 든 적대국, 가난한 공산 국가로 여겨질 뿐이었다. 그럴 만한 게 중화인민공화국을 수립한 후로 중국은 자본주의 국가들과 제대로 교류한 적이 없었다. 덩샤오핑은 본격적으로 자본주의 국가들과 교류하기 시작했다.

덩샤오핑은 1979년에 중국 지도자 최초로 미국을 방문했다. 냉전의 분위기를 녹이는 상징적인 발걸음이었다. 그는 엄격하고 냉혹한 지도자라는 이미지를 벗고 친근함을 주기 위해 미국의 전설적인 가수 엘비스 프레슬리의 노래를 공식 석상에서 불렀다. 카우보이모자를 쓰고 로데오 경기를 관람하기도 했다. 작은 키의 중국 지도자가 큰 카우보이모자를 쓰고 나와 해맑게 인사하는 사진이 세계에 퍼지자 점차 중국에 대한 경계심이 허물어지기 시작했다.

이후 상황은 180도 변했다. 세계는 중국이 지닌 엄청난 잠재력에 열광했다. 넓은 땅, 풍부한 노동력, 그리고 낮은 인건비까지 중국은 기업이 물건을 생산하기에 그야말로 최적의 장소였다. 세계 기업들은 앞다퉈 중국에 공장을 짓기 시작했다. 중국 입장에서는 기술과 자본을 얻고, 기업 입장에서는 생산 비용을 절약할 수 있으니 모두에게 이득이었다. 덕분에 중국은 '세계의 공장'이라는 별명을 얻었다. 우리가 일상에서 쓰는 물건 대부분이 '메이드 인 차이나'인 것도 이런 까닭이다.

중국의 경제 성장은 이웃인 우리나라에도 큰 이득을 가져다주었다. 우리나라 기업들은 중국에 공장을 차려 저렴하게 물건을 만들었다. 그리고 이 물건을 중국 시장에 팔아 큰돈을 벌었다. 하지만 꼭 좋은 것만은 아니있다. 중국에 대한 의존도가 지나치게 높아졌기 때문이다. 이제 우리나라는 중국 없이는 수출도, 수입도 제대로 돌아가지 않는 수준에 이르렀다. 이는 세계 많은 나라가 공통으로 지닌 문제이기도 하다.

오늘날 세계 기업들에게 중국 시장은 결코 놓칠 수 없는 황금의 땅이다. 경제력이 높아진 중국 사람들은 엄청나게 많은 물건을 소비하고 있다. 이제 중국은 단순히 물건을 만들던 '세계의 공장'이 아니다. 블랙홀처럼 물건을 빨아들이는 '세계의 시장'으로 거듭났다.

덩샤오핑의 개혁개방 1번지로 중국의 경제 부흥을 이끌었던 선전은 어떻게 됐을까? 작은 어촌에 불과했던 선전은 이제

초현대식 도시로 발전한 선전 오늘날 선전은 중국에서 IT 기업들의 천국이라 불린다.

1,700만 명이 넘는 초현대식 도시로 발전했다. 또한 중국을 대표하는 IT 기업들이 자리 잡은 곳으로 중국의 4차 산업혁명을 이끌고 있다.

덩샤오핑이 남긴 유산

덩샤오핑은 중국이 발전하기 위해 두 가지를 강조했다. 안으로는 정치적인 안정을 이루고, 바깥으로는 다른 강대국들과 화목한 관계를 유지하는 것이다. 특히 평화로운 외교 관계를 위해 향후 100년간 국제 무대에서 자세를 낮춰야 한다고 했다. 이는 지난 역사에서 얻은 교훈이었다. 지금껏 자만심에 빠져 세계의 패권을 차지하려던 국가들의 끝은 좋지 않았다.

1978년 개혁개방 이후 초고속 성장을 거듭해 온 중국은 2010년 일본을 제치고 세계 2위의 경제 대국이 됐다. 이제 중국은 굳이 이빨과 발톱을 숨기지 않는다. 오히려 자신들의 힘과 위용을 세계에 드러내며 마찰도 서슴지 않고 있다.

세계 1위 경제 대국인 미국에게 이는 결코 달가운 일이 아니다. 특히 중국은 미국과의 무역을 통해 큰돈을 벌어들이는 반면, 미국은 적자를 보고 있다. 미국 입장에서는 불공정한 무역 구조를 해소하기 위한 조치가 필요했다. 2018년 마침내 미국은 결단을 내렸다. 미국으로 수입되는 중국 물품에 추가 25퍼센트의 보복 관세를 매긴 것이다. 관세는 수입, 수출하는 물건에 부과하는 세금이다. 하지만 보복 관세는 당연하지 않다. '보복'이라는 이름처럼 상대방에게 해를 가하겠다는 목적이 뚜렷한 세금이기 때문이다.

미국의 공격을 받은 중국은 가만히 있지 않았다. 중국으로 수입되는 미국산 농산물과 수산물, 자동차에 똑같이 보복 관세를 매기며 맞받아쳤다. 세계 경제 대국 1위를 두고 미국과 중국의 총성 없는 전쟁이 시작된 것이다. 전쟁 하면 총과 폭탄으로 서로의 목숨을 위협하는 모습이 떠오른다. 하지만 오늘날 전쟁은 무기 없이도 이루어진다. 상대의 밥줄을 쥐고 흔들면 그것이 곧 목숨을 위협하는 전쟁이나 다름없다.

두 국가의 **무역전쟁**은 지금도 계속되고 있다. 둘 다 피해를 보고 있지만 국가 자존심이 걸린 문제인 만큼 한 치도 물러서지 않는다. 그러다 보니 정치적·경제적으로 미국과 중국의 영향을 많이 받는 우리나라의 입장이 아주 난감해졌다. "고래 싸움에 새

---

⑤ 지식 더하기   ✕ ⊖ ⊘

무역전쟁

무역의 기본은 자유무역이다. 그러나 국가는 정치적·경제적 이유로 상대 국가에 타격을 주기 위해 무역에 제재를 가하기도 한다. 미국과 중국은 관세를 무기 삼아 서로를 공격했다. 이 모습이 마치 전쟁 같아 '무역전쟁'이라는 명칭이 붙었다.

우 등 터진다"라는 속담이 떠오르는 상황이다. 우리로서는 미국과 중국이라는 두 고래 사이에서 살아남기 위해 그 어느 때보다 슬기로운 외교 대책이 필요한 시기라고 할 수 있다.

중국의 개혁개방이 시작된 지 40여 년이 흘렀다. 이제 중국은 덩샤오핑이 남긴 유산을 바탕으로 새로운 경제 발전을 위한 활로를 개척해 나가고 있다. 그들이 어떤 길로 나아가느냐에 따라 세계 경제가 달라질 것이다.

대약진 운동과 문화대혁명

1958년 마오쩌둥은 대약진 운동을 추진했다. 앞으로 크게 나아가겠다는 뜻의 경제 성장 운동이었다. 마오쩌둥은 농촌 마을마다 생산해야 할 수확량을 정했다. 그러나 마을의 지도자들은 정부에 잘 보이기 위해 수확량을 실제보다 부풀려 신고하기 일쑤였다. 이 사실을 알 리 없던 정부는 이듬해에는 더 많은 목표를 제시했다. 죽어나는 것은 농민들이었다.

재앙은 여기서 끝이 아니었다. 농촌에서 곡물을 쪼아 먹는 참새를 본 마오쩌둥은 농촌에 '해로운 새'인 참새를 모조리 없애라는 명령을 내렸다. 이 명령으로 한 해 동안 2억 마리가 넘는 참새가 죽었다. 그런데 문제가 생겼다. 참새가 잡아먹고 살던 해충이 늘어나면서 대흉년이 발생하고 전염병이 창궐한 것이다.

마오쩌둥은 중국을 최대한 빨리 공업 국가로 만들기 위해 농민들을 철생산에 동원하기도 했다. 하지만 농민들이 제대로 된 철을 만들 수 있을 리없었다. 할당량을 채우기 위해 멀쩡한 농기구와 식기까지 녹였지만 이렇게 만들어진 철은 고철 쓰레기에 불과했다. 결국 4,000만 명이 넘는 사람들이 굶어 죽었고 경제는 나락으로 떨어졌다.

대약진 운동의 실패로 자리에서 물러난 마오쩌둥은 공산주의를 부정하는 사람들을 쫓아내자고 주장했다. 1966년 마오쩌둥의 지지 세력은 낡은 것을 없앤다며 문화재와 책은 물론이고 자본가와 지식인까지 모조리 없애기 시작했다. 이른바 문화대혁명의 광기가 대륙을 뒤덮었다. 불과 10년 동안 중국의 문화는 파괴되고 경제 활동은 중단됐다. 대약진 운동과 문화대혁명은 오늘날 중국 경제를 20년 이상 퇴보시켰다는 평가를 받는다.

대약진 운동 당시 철 생산을 위해 마을마다 설치된 용광로들

10

전기차 혁명

내일을 사는

연쇄 창업가

1971~

일론
머스크

일론 머스크

Elon Musk

이 정도면
창업의 신?

프로필

출생·사망	1971년~
국적	남아프리카공화국, 캐나다, 미국
직업	기업가
특이사항	일중독

대표 이력

페이팔 창립

테슬라 창립

스페이스X 창립

뉴럴링크 창립

관계성

로버트 다우니 주니어 #아이언맨_연기_참
고 #토니_스타크_최고

토머스 에디슨 #롤모델 #혁신가이자_타고
난_사업가

재미로 보는 인물 그래프

마블 코믹스의 만화를 원작으로 한 영화 〈아이언맨〉에서 주인공인 토니 스타크는 억만장자이자 천재 과학자로 나온다. 그는 지하 작업실에서 인공지능 자비스와 다양한 실험을 하는 괴짜 발명가다. 동시에 세상을 위협하는 적과 맞서 싸우는 영웅이기도 하다.

만화를 실사판으로 제작하면서 주연을 맡은 로버트 다우니 주니어가 토니 스타크라는 캐릭터를 만들기 위해 참고한 인물이 있다. 바로 미국의 전기차 회사인 테슬라의 CEO로 잘 알려진 일론 머스크다. 상상을 현실로 만들고 있는 그의 삶은 실제로 SF 영화를 방불케 한다. 불가능에 도전하며 세상을 바꾸고 있는 머스크에 대해 알아보도록 하자.

현실판 아이언맨

머스크는 1971년 남아프리카공화국 프리토리아에서 태어났다. 전기 기술자이자 광산 사업으로 큰 부를 쌓은 아버지 덕분에 머스크는 부유하게 자랐다. 당시 컴퓨터는 매우 비싸서 아무나 가질 수 없는 물건이었지만 머스크는 어릴 적부터 컴퓨터를 접하고 프로그래밍이라는 취미를 갖게 됐다. 하지만 머스크의 학창 시절은 우울했다. 부모님은 이혼했고 허약한 몸과 독특한 성격 탓에 학교에서는 따돌림과 폭행을 당하기 일쑤였다. 어린 머스크는 SF 소설과 컴퓨터 게임, 프로그래밍에 몰두하며 괴로운 마음을 달랬다.

고등학교를 졸업할 즈음, 머스크는 진로에 대해 진지하게 고민했다. 당시 남아프리카공화국은 인종차별을 비롯한 각종 문제로 혼란스러웠다. 환멸을 느낀 머스크는 세계의 중심인 미국에 가기로 마음먹었다. 어머니의 도움으로 캐나다 시민권을 취득한 머스크는 땡전 한 푼 없이 캐나다로 떠났다.

캐나다에 도착한 18세의 머스크는 그야말로 엄청난 고생을 했다. 아버지는 어머니와 이혼 후 경제적인 지원을 끊었다. 캐나다에 있으리라 생각했던 어머니의 친척조차 미국으로 이민을 떠나고 없었다. 머스크는 1년 동안 노숙자처럼 이리저리 떠돌아다니며 궂은일도 마다하지 않고 돈을 벌었다. 이때의 경험으로 머스크는 어떤 상황에서도 다시 일어설 수 있는 생활력을 가지게 됐다.

대학 진학을 위해 꿈에 그리던 미국에 정착한 머스크는 펜실베이니아 대학교에서 경제학과 물리학을 공부했다. 대학 시절, 토머스 에디슨처럼 인류의 미래를 바꾸는 혁신가가 되고 싶었던 그는 스스로에게 질문을 던졌다. '인류에게 가장 중요한 과제는 무엇일까?' 하지만 답은 곧장 떠오르지 않았다.

시간이 흘러 스탠퍼드 대학교의 박사과정 입학을 앞두고 마침내 머스크는 답을 찾아냈다. 인류에게 가장 중요한 과제는 인터넷, 우주산업, 청정에너지였다. 몇 년간 묻고 또 물었던 질문에 답을 찾은 24세 청년은 곧장 명문대 학위를 버리고 창업에 뛰어들었다.

첫 번째 창업은 인터넷 회사인 페이팔이었다. 동생과 함께 실리콘밸리에 발을 들인 머스크는 밤낮없이 일했다. 그 결과 이메일을 활용해 온라인 결제 서비스를 제공하는 페이팔이 탄생했다. 페이팔은 훗날 약 1조 8,000억 원에 팔렸다. 젊은 나이에 억만장자가 된 머스크는 여기서 멈추지 않았다. 몸과 마음은 이미 두 번째 과제인 우주산업에 향해 있었고 그는 전 재산을 바칠 각오가 서 있었다.

 지식 더하기

실리콘밸리

반도체의 주요 소재인 실리콘에서 유래한 말로, 미국 캘리포니아주 샌프란시스코 동남부 지역의 계곡 지대를 일컫는다. 이곳은 연중 따뜻하고 비가 잘 내리지 않아 전자산업에 유리한 환경을 갖추고 있다. 또한 주변 대학에서 우수한 인력을 많이 배출한 덕분에 세계 첨단 기술의 중심지가 됐다. 오늘날 세계적인 IT 기업들이 이곳에 모여 있다.

무한한 공간 저 너머로!

2021년 9월 15일, 미국에서 들려온 소식에 전 세계가 환호했다. 우주선 크루드래곤이 지구 궤도 비행에 성공했다는 소식이었다. 우주선을 쏘아 올리는 게 처음 있는 일도 아닌데 왜 다들 호들갑이냐고? 크루드래곤에는 우주비행사가 탑승하지 않았다. 오직 민간인 4명만 탑승했다. 이는 지금껏 상상에만 그치던 우주 관광을 현실로 만들어 준 기념비적인 사건이었다.

과거에 우주 개발은 정부가 주도했다. 우주산업에는 최첨단 기술뿐 아니라 천문학적인 비용이 필요하다. 실패 확률도 높아서 일반 기업은 감히 뛰어들 엄두를 내지 못한다. 하지만 머스크는 이런 한계를 깨부수기로 마음먹었다. 페이팔로 성공을 거둔 그는 우주 개발 회사인 스페이스X를 창업했다. 크루드래곤은 스페이스X의 작품이다.

물론 시작은 순탄치 않았다. 사람들은 성공 가능성이 희박한 우주산업에 전 재산을 투자하는 머스크를 괴짜로 치부했다. 실제로 세 번째 발사까지 모두 실패로 이어지면서 회사는 파산 위기를 겪기도 했다. 하지만 머스크에게 당장 눈앞의 돈은 중요하지 않았다. 그는 다른 사람들이 보지 못하는 더 큰 미래를 품고 있었다. 머스크가 꿈꾸는 미래는 스페이스X를 창업한 이유에서 잘 드러난다.

"지구의 자원은 유한하고 인구는 늘어납니다. 환경 오염은 갈수록

심각해져 얼마 후면 지구에서의 삶은 점점 힘들어질 거예요.

그렇다면 이 문제를 해결할 방법은 무엇일까요?

꼭 지구여야만 할 필요는 없어요. 저는 화성 식민지를 건설해

화성으로 인류를 이주시키자는 결론에 도달했습니다.

지금으로선 우주여행을 위한 로켓을 저렴한 가격으로 만드는 게

우리 회사의 목표입니다."

다행히 미국항공우주국^{NASA}에서 손을 내밀었다. 스페이스X
는 국가 지원을 받아 연구를 이어 나갈 수 있었고 로켓 발사 비
용을 10분의 1 수준으로 줄였다. 머스크는 스타링크 프로젝트를
시작했다. 스타링크 프로젝트는 지구 궤도에 4만 개가 넘는 소
형 인공위성을 쏘아 올리는 사업이다. 지구상의 거의 모든 지역,
심지어 아마존 밀림이나 사막 한가운데에도 초고속 통신을 제
공하는 것이 목표다.

우주여행은 매우 비싸다. 크루드래곤 탑승자이자 사업가인
재러드 아이작먼은 좌석 4개를 사는 데 2,000억 원이 넘는 거액
을 지불했다. 머지않은 미래에는 누구나 마음만 먹으면 우주여행
을 다녀올 만큼 저렴해질지도 모른다. 멀고도 먼 존재였던 우주
가 머스크 같은 혁신가를 통해 현실과 점점 더 가까워지고 있다.

전기차 시장의 선두 주자

머스크가 지금처럼 유명해진 배경에는 전기차 회사인 테슬라가 있다. 그는 테슬라의 CEO이자 세계 최고 부자로 각종 뉴스를 장식하고 있다. 사실 테슬라는 머스크가 창업한 회사가 아니다. 기존 경영자들이 자금 때문에 어려움을 겪자 스페이스X를 맡고 있던 머스크가 도와주면서 인연이 시작됐다. 인터넷, 우주 산업에서 차례로 혁신을 이뤄 낸 머스크의 눈에 자동차는 혁신이 가장 시급한 분야였다.

우리에게 잘 알려진 자동차 브랜드 '벤츠'를 만든 카를 벤츠는 1885년 세계 최초로 가솔린 자동차를 선보였다. 가솔린을 연료로 사용한 벤츠의 내연기관차는 증기기관차와 달리 폭발적인 힘을 자랑했다. 이를 시작으로 지난 100년간 자동차는 가솔린이 지배해 왔다. 그러나 저렴하고 효율적인 가솔린에도 치명적인 단점이 있었다. 흔히 휘발유라고도 하는 가솔린은 석유, 석탄과 같은 화석연료다. 이 화석연료를 태워 에너지를 내는 내연기관차는 이산화탄소 배출 문제가 심각했다. 머스크는 자신의 세 번째 과제인 청정에너지를 떠올렸다. 미래를 위해 지속 가능한 에너지를 써야 한다는 그의 뚝심은 전기차 회사인 테슬라에 대한 투자로 이어졌다.

유명 자동차 회사들이 100년이 넘도록 군림해 온 시장에 테슬라가 설 자리는 없어 보였다. 더욱이 전기차 개발 비용은 나날이 불어났고 감당할 수 없을 지경에 이르렀다. 머스크는 자금을 유치하기 위해 투자자들을 찾아갔지만 2008년 세계 금융 위기의 여파로 반응은 냉담했다. 결국 그는 파산 위기에 빠진 테슬라를 살리기 위해 모든 재산을 퍼붓고 나섰다.

다행히 2010년 테슬라가 주식시장에 상장하며 머스크는 2억 달러를 거둬들일 수 있었다. 자신감을 얻은 머스크는 2012년 중반에 모델 S를 출시하며 현실에 안주하던 기존 자동차 산업을 뒤흔들었다. 신기술이 집약된 모델S는 뜨거운 호응을 받으며 미국 서부에서 동부로 뻗어 나갔다. 사람들은 머스크를 '자동차계의 스티브 잡스(애플의 창업자)'라 부르기 시작했다.

테슬라의 전기차는 기존 자동차들과 달랐다. 내연기관차는 부품이 3만 개에 달했지만 전기차는 1만 개면 충분했다. 또한 차량에 인공지능 소프트웨어를 도입해 '도로 위의 컴퓨터'라는 별명을 얻었다. 허를 찔린 자동차 회사들은 테슬라를 따라 전기차 개발에 박차를 가하기 시작했다. 앞으로 내연기관차 생산을 줄여 나가겠다고도 밝혔다. 현재 테슬라는 세계 전기차 판매에서 15퍼센트를 차지하며 선두를 달리고 있다.

2030년에는 전기차가 전체 자동차 시장의 50퍼센트를 넘을 전망이다. 그러나 전기차에도 해결해야 할 과제가 남아 있다. 바

테슬라 모델S 모델S는 자동차 시장에 돌풍을 일으키며 테슬라를 대중에게 알렸다.

로 배터리다. 내연기관차를 뛰어넘으려면 배터리를 충전하는 데 걸리는 시간을 줄여야 한다. 동시에 한 번 충전으로 달릴 수 있는 거리가 늘어나야 하며, 전기차 가격도 더 내려가야 한다. 이 모든 것은 배터리 성능에 달렸다. 머스크는 태양에너지를 활용해 문제를 해결하는 방법을 연구하고 있다.

새로운 미래를 향한 머스크의 열정과 집념에 값을 매길 순 없다. 하지만 머스크의 미래에 동참하는 투자자들이 점점 늘어나면서 테슬라의 주가는 상장 이후 200배 넘게 뛰었다. 2021년을 기준으로 테슬라의 기업가치는 약 1,000조 원에 달한다. 머스크는 300조 원이 넘는 재산으로 세계 부호 1위에 올랐다.

머스크가 그리는 미래

머스크는 스스로도 인정하는 심각한 일중독이다. 20여 년간 그는 주당 80~100시간씩 쉬지 않고 일했다. 지금도 일주일의 절반은 스페이스X, 나머지 절반은 테슬라에 출근하며 모든 일을 처리하고 있다. 이렇게 엄청난 일정을 소화하는 힘은 더 나은 미래를 꿈꾸는 그의 비전에서 나온다. 머스크는 지금 이 순간에도 머릿속에서 떠올린 일들을 실행에 옮기고 있다.

2012년 당시 머스크가 살고 있던 캘리포니아주에서는 고속열차 건설이 한창이었다. 하지만 머스크의 눈에는 시속 300킬로미터의 고속열차도 너무 느렸다. '비행기만큼 빠르면서 열차처럼 편리한 교통수단은 없을까?' 그는 곧 '하이퍼루프'라는 초고속 진공열차를 구상했다. 열차라기보다 캡슐에 가까운 운송수단을 진공 튜브에 넣고 쏘면 시속 1,200킬로미터에 가까운 속도를 낼 수 있다는 게 그의 생각이었다. 이는 서울과 부산을 20분 안에 갈 수 있는 속도다.

하이퍼루프를 실용화하기 위해서는 아직 넘어야 할 산이 많다. 머스크는 많은 사람과 회사가 관심을 갖고 연구할 수 있도록 관련 기술을 공개해 놓고 있다. 인류의 집단지성은 머지않아 하이퍼루프를 꿈이 아닌 현실로 만들어 낼 것이다.

2016년 머스크는 인간 뇌에 컴퓨터 칩을 연결하는 기술을 연구하는 회사인 뉴럴링크를 만들었다. 뉴럴링크는 몸을 움직이기 힘든 사지마비 환자와 척추를 다친 환자의 뇌에 컴퓨터 칩을 심어 치료한다는 목표를 갖고 있다. 영화 속에서나 볼 법한 이야기 같지만 뉴럴링크의 실험은 지금도 계속되고 있다. 뇌에 컴퓨터 칩 2개를 이식받은 실험 원숭이는 게임기를 만지지 않고 오직 생각만으로 게임을 하는 데 성공했다.

한편 우려의 목소리도 크다. 뇌 안에 들어간 컴퓨터 칩이 해킹당할 경우, 범죄에 악용될 수 있다. 누군가 내 뇌를 해킹해서 조종하는 것은 상상만으로도 끔찍하다. 이런 부작용과 반대의 목소리를 머스크가 어떻게 해결할지는 지켜볼 일이다.

쉼 없이 달려온 머스크의 행보를 보면 여러 궁금증이 생긴다. 좋은 대학을 졸업한 만큼 안전하게 돈을 벌 방법도 많았을 텐데 왜 굳이 창업이라는 어려운 길을 택했을까? 실패하면 빈털터리가 될 수도 있는데 어떻게 사업에 뛰어들 수 있었을까? 머스크 역시 처음부터 현실에서 자유로웠던 것은 아니다. 실패했을 때 뒤따를 가난을 감당할 수 있을지 궁금했던 그는 '하루 1달러 프로젝트'를 진행했다. 하루 식비 1달러로 한 달을 버티는 프로젝트였다. 머스크는 이 프로젝트를 통해 한 달에 30달러만 벌어도 버틸 만하겠다고 생각했다. 그리고 이를 계기로 도전하는 삶을 택할 수 있었다.

오늘도 머스크는 안전한 길보다 새로운 길, 세상을 변화시킬 수 있는 길을 택하며 살고 있다. 인간 뇌를 인공지능과 결합하고, 화성에 식민지를 건설하고, 초고속 진공열차가 다니는 미래를 꿈꾼다. 그리고 태양에너지로 배터리 산업을 뒤엎기 위해 달린다.

물론 아직 성공과 실패를 판단하기는 섣부르다. 이 중에는 세상을 바꿀 일도 있지만 역사의 뒤안길로 사라질 일도 있다. 그렇지만 인류의 미래를 바꾸려는 머스크의 크고 작은 시도들은 다음 세대에 영감을 불어넣고 성공의 밑거름이 되어 줄 것이다. 혹시 아는가? 미래 인류는 폐허가 된 지구를 떠나 화성으로 이주하면서 머스크에게 고마워할지도 모른다.

닷컴 버블

2000년을 앞두고 세상은 첨단 기술이 이끌 미래에 대한 기대로 잔뜩 들떠 있었다. 새 시대를 열 첨단산업의 꽃은 인터넷이었다. 사람들은 무한한 잠재력을 지닌 인터넷이 기존 산업을 전부 뛰어넘을 것이라 믿었다. 이윽고 인터넷 사업을 하는 곳에 엄청난 투자금이 몰리기 시작했다. 아무리 작은 회사여도 인터넷 사업에 발을 걸치기만 하면 주가가 폭등했다. 덕분에 첨단 산업 분야의 회사가 주로 상장하는 미국의 주식시장 나스닥은 1995년부터 5년간 5배나 상승했다.

하지만 현실은 이상을 따라잡지 못했다. 2000년대 초 인터넷 속도는 여전히 느렸고 인터넷 사업은 대부분 적자를 면치 못했다. 결국 거품이 꺼지며 주가가 폭락했다. 지금은 대기업이지만 당시엔 신생이었던 아마존은 2년간 주가가 95퍼센트나 떨어졌다. 인터넷 사이트 주소가 주로 '.com'으로 끝났기 때문에 이 현상을 닷컴 버블이라 부른다.

닷컴 버블은 바다 건너 우리나라에도 기승을 부렸다. 당시 정부는 1997년 IMF 외환 위기를 극복하기 위해 미래 먹거리인 인터넷 사업에 막대한 투자를 했다. 그러자 관련 사업을 하는 기업의 주가가 불타오르기 시작했다. 투자자들은 막무가내로 주식시장에 뛰어들었고 개중에는 반년 만에 주가가 무려 150배나 뛰는 곳도 있었다.

투기 열풍에 올라타려는 부도덕한 기업도 많았다. 회사 이름에 '닷컴'이나 '인터넷'을 집어넣는 건 물론이고 거짓 뉴스를 흘려 투자자를 속이는 경우도 있었다. 그러나 거품으로 만들어진 파티는 순식간에 끝이 났다. 미국의 닷컴 버블과 함께 우리나라 주식시장 역시 폭락하기 시작했고 투자자들은 막대한 손실을 입었다. 그 많던 기업도 역사의 뒤안길로 조용히 사라졌다.

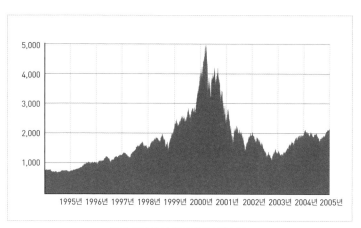

닷컴 버블 당시 미국의 나스닥 지수

11

14억 인구를

알리바바

들어 올린 개미

1964~

마　　　　　　　　원

마윈

馬雲

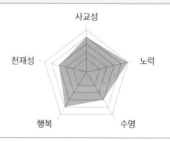

인생은
단 한 번뿐!

프로필

출생·사망　1964년~

국적　　　중국

직업　　　기업가

특이사항　IT 기업 회장이었지만
　　　　　　수포자

대표 이력

알리바바 창립

타오바오 창립

관계성

손정의 #만난 지 6분 만에 200억 원 투자

차이충신 #최고의 조력자 #고액연봉 버리
고 알리바바 해결사로

재미로 보는 인물 그래프

사교성

노력

천재성

수명

행복

《아라비안나이트》에 나오는 〈알리바바와 40인의 도적〉 이야기를 모르는 사람은 없다. 주인공 알리바바는 가난하지만 성실하고 똑똑한 청년이다. 그는 우연히 산에 갔다가 도적들이 숨겨 놓은 동굴을 발견한다. "열려라 참깨!"라고 외치면 문이 열리는 신기한 동굴이었다. 나중에 알리바바는 도적들이 없는 틈을 타 동굴 속에 있던 금은보화를 마을로 가지고 오고 부자가 된다.

1999년, 중국의 한 청년은 새로운 사업을 구상하고 있었다. 그는 문득 어릴 때 읽었던 〈알리바바와 40인의 도적〉을 떠올렸다. 착하고 똑똑한 알리바바가 부자가 돼서 남을 돕는다는 내용이 자신이 꿈꾸던 회사의 역할과 흡사했다. 게다가 알리바바는 세계 어디서나 발음하기 쉬웠다. 그는 회사의 이름을 알리바바로 정했다. '알리바바'라는 이름에 뭔가 특별한 힘이 있었던 걸까? 가진 것 하나 없던 이 남자는 오늘날 중국 최고의 부자 중 하나가 됐다. 바로 IT 기업 알리바바를 만든 마윈의 이야기다.

알리바바와 열려라 참깨

사실 마윈은 30대 중반까지만 해도 성공과는 거리가 먼 삶을 살았다. 가난한 데다 공부에도 재능이 없었다. 독특한 외모를 이유로 30번이나 취업을 거절당하기도 했다. 그래도 IT 기업을 세운 만큼 수학과 과학에 특출한 능력이 있었을 것이라고 생각할 수 있다. 하지만 그는 일명 '수포자'로 수학 성적 때문에 대학 입시에서도 삼수를 했다.

다행히 마윈은 엄청난 보물을 갖고 있었다. 그건 바로 실패를 두려워하지 않는 마음이었다. 어린 시절부터 영어 공부에 푹 빠진 그는 매일 시내 호숫가에서 외국인에게 말을 걸었다. 부족한 영어 실력이었지만 얼굴에 철판을 깔고 외국인과 대화를 이어 나갔다. 무시를 당하고 비웃음을 받아도 개의치 않았다. 마윈은 외국인과 대화하며 자신이 살던 세계와는 완전히 다른 세계를 알게 됐고 일찌감치 우물 안 개구리에서 벗어났다.

대학을 졸업한 후 영어 강사로 지내던 마윈은 미국을 방문했다가 인터넷을 접했다. 그의 운명을 바꿀 만남이었다. 인터넷에는 온갖 정보가 넘쳐 났지만 정작 중국에 대한 정보는 거의 없었다. 아직 인터넷의 힘이 중국까지는 미치지 못한 터였다. 인터넷의 잠재력을 깨달은 마윈은 돌아오자마자 인터넷 사업을 하기로 마음먹었다.

1999년 마윈은 자신의 작은 아파트에 친구 17명을 불러 모았다. 그리고 인터넷이 세상을 바꿀 것이라는 열변을 토했다. 그의 열정이 통했던 걸까? 친구들은 선뜻 돈을 모아 그에게 건넸다.

그렇게 세운 회사가 바로 알리바바다. 초창기 알리바바는 중국의 중소기업이 해외 기업과 거래할 수 있도록 도와주는 사이트였다. 처음 사람들의 반응은 냉담했다. 당시 중국인 대부분이 인터넷을 몰랐기 때문에 돈을 벌기 어려워 보였다.

다행히 노력하는 자에게 행운이 따랐다. 마윈이 알리바바를 세운 지 얼마 되지 않아 중국은 **세계무역기구**에 가입했다. 마치 '열려라 참깨!' 하고 주문을 왼 것처럼 중국의 문이 활짝 열렸다. 해외로 진출하려는 중국 기업과 중국에 진출하려는 해외 기업은 알리바바를 적극적으로 활용하기 시작했다.

인복도 따랐다. 미국에서 승승장구하던 차이충신이라는 인재가 오로지 마윈의 비전만 보고 알리바바에 합류했다. 세계적인 기업가 손정의는 마윈에게 사업 설명을 들은 지 단 6분 만에 200억 원이 넘는 금액을 투자했다. 그러나 이는 앞으로 마윈이 써나갈 성공 신화의 시작에 불과했다.

---

⑤ 지식 더하기　　　　　　　　　　　　　　⊗ ⊖ ⊗

세계무역기구(WTO)

1930년대는 대공황의 여파로 전 세계에서 보호무역이 이루어졌다. 그러나 제2차 세계대전 후, 보호무역의 부작용을 인식한 국가들은 자유무역을 시행하기 위해 노력했다. 그 결과물 중 하나가 1995년 출범한 세계무역기구다. 세계무역기구는 각국의 자유무역을 돕고 무역 분쟁을 조정하는 등 국제 경제질서 유지에 힘쓰고 있다.

진격의 전자상거래 시장

우리는 인터넷으로 주문하면 무엇이든 며칠 뒤에 받을 수 있는 세상에 살고 있다. 이러한 시스템을 '전자상거래'라 부른다. 전자상거래는 끊임없이 성장해 왔다. 특히 코로나19로 사람들이 외출을 줄이자 전자상거래 산업은 더욱 커졌다. 덕분에 전자상거래 기업들은 코로나19라는 위기를 기회로 삼아 승승장구하고 있다.

사실 마윈은 이미 20년 전에 비슷한 상황을 겪었다. 2003년 중국에서는 중증 급성 호흡기 증후군이라 부르는 감염병 사스SARS가 창궐했다. 사람들은 시장이나 대형 마트에 나가서 장보기를 꺼렸고 인터넷으로 필요한 물건을 주문하기 시작했다. 인터넷 쇼핑이 본격적으로 꽃필 것이라 직감한 마윈은 재빨리 '타오바오'라는 쇼핑몰 사이트를 만들었다. 예상은 적중했다. 그런데 순조롭게 풀릴 것이라는 기대와 달리, 그의 사업은 곧 거대한 벽에 부딪혔다. 미국의 거대 전자상거래 회사인 '이베이'가 중국에 진출했기 때문이다.

사람들은 타오바오가 이베이와 상대도 되지 않으리라 생각했다. 하지만 2007년 놀라운 일이 벌어졌다. 이베이가 3년 만에 두 손을 들고 중국에서 철수한 것이다. 대체 어떻게 된 일일까? 첫 번째 이유는 중국 문화에 대한 이해 차이였다. 이베이는 신용카드가 있어야 결제할 수 있다. 반면에 타오바오는 신용카드 없이도 결제할 수 있다. 중국인이 신용카드 결제에 익숙하지 않다는 사실을 알고 있었기 때문이다.

두 번째 이유는 누구도 예상하지 못한 무료 서비스 정책이었다. 원래 이베이 같은 전자상거래 회사는 대부분 물건이 거래되면 그 대가로 수수료를 받아 돈을 벌었다. 하지만 마윈은 수수료를 포기했다. 당장 손해는 막대하겠지만 몇 수 앞을 내다보고 인내하기로 결심한 것이다. 점차 사람들은 무료로 이용할 수 있는 타오바오로 몰려들기 시작했다.

이 외에도 마윈의 알리바바 그룹은 다양한 사업을 펼치며 중국 인터넷 시장을 꽉 잡았다. 2021년에는 중국 최대의 쇼핑 축제라 부르는 광군제에서 무려 99조 원의 매출을 올렸다. 현재 중국 전역에서 오가는 소포의 70퍼센트가 알리바바 계열사에서 나온다고 하니 마윈의 영향력은 감히 짐작조차 하기 어렵다.

2014년 세계 각국에 〈작은 거인, 세상을 들어 올리다〉라는 제목의 기사가 퍼져 나갔다. 작은 거인은 키 162센티미터에 45킬로그램 남짓한 체구를 가진 마윈을 빗댄 말이다. 알리바바는 미국 **뉴욕증권거래소**에 상장하며 약 180조 원의 기업가치를 인정받았다. 친구들에게서 받은 약 8,000만 원으로 시작한 작은 회사가 15년 만에 무려 200만 배 이상 성장한 것이다. 마윈의 성공 신화에 세상은 열광했다.

마윈은 단숨에 아시아 최고 부호가 됐다. 그는 벌어들인 돈을 고객과 중소기업을 위해 쓰겠다고 말했다. 사람들을 위해 금은보화를 쓴 착한 부자 '알리바바'가 되겠다는 초심을 잃지 않은 것이다.

들어는 봤니? 플랫폼 기업

마윈은 서비스를 무료로 제공해 놓고도 어떻게 돈을 벌 수 있었을까? 이베이가 떠난 뒤 중국의 전자상거래 시장은 타오바오가 차지했다. 이제 사람들은 인터넷에서 물건을 거래할 때 자연스럽게 타오바오를 찾았다. 덕분에 상품은 쏟아졌지만 작은 컴퓨터 화면에 모든 물건을 보여 주기는 불가능했다. 마윈은 광고비를 받아 돈을 낸 판매자의 상품을 눈에 잘 띄는 곳에 노출시켜 주기로 했다. 그러자 판매자들은 너도나도 광고비를 지불하기 시작했고 타오바오는 그야말로 돈을 갈고리로 쓸어 모았다.

중국의 알리바바, 미국의 구글과 유튜브처럼 오늘날 세계를 주름잡는 기업에는 공통점이 있다. 바로 플랫폼 기업이라는 것이다. 플랫폼은 기차나 버스를 타고 내리는 승강장을 의미한다. 19세기에 증기기관차로 수많은 사람과 화물을 실어 나르면서 산업혁명을 촉발한 곳이 바로 플랫폼이었다. 오늘날에는 플랫폼이 온라인 세상으로 넘어가 세상을 바꾸고 있다. 유튜브가 대표적인 예다. 유튜브는 누구나 자신만의 방송국을 가질 수 있게 만들었다.

플랫폼 기업 대부분이 서비스를 무료로 제공하고 있다는 사실은 눈여겨볼 만하다. 우리는 무료로 네이버에서 검색을 하고 카카오톡에서 친구들과 대화를 주고받는다. 유튜브에 영상을 올리거나 보는 것도 전부 무료다. 그런데도 이들 기업은 엄청난 돈을 벌고 있다. 그 비결은 광고비에 있다. 사람들이 많이 드나드는 플랫폼 기업들은 광고를 게시해 주는 대가로 천문학적인 돈을 벌어들인다. 미국의 검색 사이트인 구글은 2015년 매출액의 무려 90퍼센트가 광고에서 나온다고 밝혔다.

2020년을 기준으로 세계에서 가장 큰 기업 10개 중 7개가 플랫폼 기업이다. 플랫폼 기업들은 다양한 사업을 펼치며 사람들의 생활을 편리하게 바꿔 놓고 있다. 그러나 이렇게 힘이 세지다 보니 부작용을 우려하는 목소리도 크다.

가장 큰 부작용은 승자가 모든 것을 차지하는 승자 독식 현상이다. 플랫폼 기업은 많은 돈과 인력을 투자해 경쟁에서 앞서 나간다. 그러다 보니 주변의 작은 기업은 생존하기 어렵다. 작은 기업이 모두 플랫폼 기업으로 흡수되면 어떤 일이 벌어질까? 여러 기업이 있을 때는 경쟁에서 이기고자 소비자에게 다양한 혜택을 제공하지만 이젠 그럴 필요가 없어진다. 플랫폼 기업이 무료로 제공하던 서비스를 유료로 바꿔도 소비자가 대응할 방법은 마땅치 않다. 경쟁자가 사라졌기 때문이다.

오늘날 세계 각국은 플랫폼 기업의 시장 독점을 막고자 여러 조치를 취하고 있다. 유럽은 일명 '구글세'라 부르는 세금을 도입했다. 국경을 초월해 많은 돈을 버는 플랫폼 기업에 더 많은 세금을 물려 불공평을 해소하려는 제도다. 우리나라는 특정 플랫폼 기업이 문어발식으로 사업을 확장해 소상공인과 골목상권을 침해하자 규제 법안을 만들었다. 마윈이 만든 거대 플랫폼 알리바바 역시 독점 문제에서 자유롭지 못했다. 2021년 중국 정부는 알리바바에 무려 3조 원에 달하는 벌금을 물리며 무분별한 확장에 대응했다.

긍정과 도전의 아이콘

마윈은 55세라는 젊은 나이에 은퇴를 선언하며 알리바바

회장 자리에서 물러났다. 그는 가난한 영어 강사로 살았을 때가 가장 행복했다며 다시 '마윈 쌤'으로 살아가겠다고 선언했다. 세상은 여전히 은퇴한 마윈의 일거수일투족에 주목하고 있다. 그가 단순히 중국에서 손꼽히는 부자이기 때문만은 아니다. 그의 말과 행동에는 빠르게 변하는 미래를 살아갈 우리를 위한 깊은 가르침이 담겨 있기 때문이다.

사람들은 마윈에게 왜 젊은 나이에 은퇴하는지 물어봤다. 그러자 마윈은 아직 해보지 못한 것들을 경험하기 위해서라고 답했다. 그에게 경험은 삶을 살아가는 원동력이다. 영어를 배우기 위해 외국인의 가이드로 나선 경험, 첫 번째 사업에 실패해서 길거리를 돌아다니며 꽃을 판 경험, 박봉의 영어 강사로 생계를 꾸려 나간 경험 모두가 오늘날 그를 만들었다.

성공의 경험만 귀한 것이 아니다. 성공과 실패 모두 소중하다. 여러분은 지금 어떤 경험을 하고 있는가? 어떤 경험을 하고 싶은가? 결과를 두려워할 필요는 없다. 가장 나쁜 선택은 실패가 두려워 새로운 경험에 나서지 않는 것이다.

> "90퍼센트가 찬성하는 방안이 있다면 나는 그것을 쓰레기통에 갖다 버린다. 많은 사람이 좋다는 계획은 이미 경쟁이 치열하다."

마윈이 처음 인터넷 사업을 시작한다고 말했을 때 주위 사람들은 말렸다. 하지만 마윈은 자신의 선택을 믿었다. 그는 반대가 커질수록 오히려 사업에 대한 확신을 가질 수 있었다.

많은 사람이 결정을 내릴 때 남들을 따라 하곤 한다. 신발을 살 때도 내게 어울리는 게 뭔지 생각하기보다 요즘 유행하는 브랜드가 무엇인지부터 따진다. 그러다 보면 정작 중요한 순간에 확신을 갖고 결정을 내리기 어려워진다. 지금부터 일상의 작은 선택이라도 나만의 확신을 갖고 결정하는 연습을 해보자.

마윈은 자신의 성공에 세 가지 비결을 꼽았다. 첫째, 돈이 없었기에 한 푼이라도 아껴 기업을 운영할 수 있었다. 둘째, IT 기술을 몰랐기에 훌륭한 기술자들에게 귀 기울일 수 있었다. 셋째, 계획을 세우지 않았기에 세상 변화에 발맞춰 변해 갈 수 있었다. 그는 남들이 핑곗거리로 삼을 만한 것들을 성공의 비결로 여겼다.

혹시 핑계와 불평을 입에 달고 살고 있지 않나? 공부를 못하는 건 머리가 안 좋아서, 새로운 시도를 하자니 시간이 없어서, 원하는 일을 하고 싶은데 부모님이 지원해 주지 않아서 등 불만 가득한 매일을 보내고 있을 수 있다. 그렇다면 생각을 바꿔 보자. 한낱 핑곗거리로 아까운 시간을 낭비하기보다 긍정적인 말과 행동으로 미래를 멋지게 꾸려가 보자.

중국 속담에 "반쯤 피기 시작한 꽃이 가장 아름답다"라는 말이 있다. 여러분도 이제 막 피기 시작한 꽃이다. 마윈의 말처럼 긍정적인 생각과 다양한 경험을 무기로 삼아 저마다의 멋진 꽃을 피워 가길 바란다.

세계 금융 위기

2008년 9월 15일, 150여 년 역사를 지닌 미국의 투자은행 '리먼브러더스'가 파산했다는 소식이 세계를 강타했다. 이는 곧바로 세계 경제를 충격에 빠트렸다. 부채가 무려 660조 원에 달하는 역사상 최대 규모의 파산이었기 때문이다. 주식시장은 폭락했고 세계 금융의 심장부인 월스트리트에서 시작된 위기는 세계 경제를 빠르게 무너뜨렸다.

사실 금융 위기의 징후는 전부터 나타나고 있었다. 당시 미국은 오랫동안 저금리 정책을 유지했다. 2001년 9·11테러 이후 침체된 경제를 살리기 위해서였다. 금리가 낮으니 사람들은 저축보다 돈을 빌려 사업을 벌이거나 투자를 했다. 덕분에 부동산 가격이 계속 올랐고, 금융권에서는 집만 들고 오면 돈을 빌려줬다. 심지어 신용도가 제일 낮은 서브프라임 등급도 대출이 가능했다. 설령 이들이 돈을 갚지 못해도 은행 입장에서는 담보로 잡힌 집을 팔면 남는 장사였기 때문이다.

집값이 떨어지자 하루아침에 상황이 달라졌다. 집을 팔아도 빌린 돈을 갚을 수 없었다. 돈을 돌려받지 못한 은행과 투자사가 망하면서 여기에 투자한 다른 기관도 도미노처럼 무너지기 시작했다. 리먼브러더스의 파산 역시 과도한 서브프라임 대출이 원인이었다.

‘서브프라임 사태’라고도 부르는 세계 금융 위기는 1929년 경제 대공황에 버금가는 충격을 불러일으켰다. 우리나라도 예외는 아니었다. 주식과 부동산 가격이 폭락하면서 많은 기업이 도산 위기에 빠졌고 실업자가 늘어났다. 각국 정부는 경제를 살리기 위해 돈을 쏟아부었다. 그리고 다시는 이런 일이 발생하지 않도록 은행과 금융권을 재정비해 오늘에 이르고 있다.

파산하기 전 리먼브러더스 본사 건물

12

암호화폐 세상의

이더리움

인싸

1994~

비 탈 릭

부 테 린

비탈릭 부테린

Vitalik Buterin

나야, 나!
천재 프로그래머!

프로필		대표 이력
출생·사망	1994년~	이더리움 창립
국적	러시아, 캐나다	
직업	프로그래머	
특이사항	6개 국어 구사	

관계성

앤서니 디 이오리오 #공동_창립자 #잘_지내니

마크 저커버그 #IT계의_노벨상을_두고_싸우다 #천재들의_계보

재미로 보는 인물 그래프

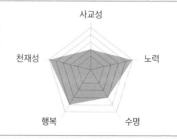

'현금은 받지 않습니다.' 요즘에는 이런 문구가 적힌 가게를 흔하게 볼 수 있다. 인류 역사를 바꾼 동전과 지폐로서는 카드 때문에 푸대접을 받게 된 현실이 억울할 노릇이다. 미래에는 현금과 카드 모두 쓸모없는 세상이 오지 않을까? **암호화폐**는 이런 생각에서 출발했다. 그 중심에는 러시아에서 온 청년이 있다.

영화를 보면 낡은 후드티를 입고 종일 컴퓨터 앞에서 코드와 씨름하는 덥수룩한 머리의 천재 프로그래머가 종종 등장한다. 비탈릭 부테린이 그렇다. 그가 일반인들과 조금 다른 점이 있다면 6개 국어를 구사하고, 암호화폐인 이더리움을 창시했으며, 20대에 억만장자가 된 프로그래머라는 점이다.

천재 프로그래머와 이더리움

부테린은 1994년 러시아에서 태어났다. 부모님을 따라 캐

---

⑤ 지식 더하기 ⊗ ⊖ ⊗

암호화폐

형태가 없는 전자화폐를 말한다. 비트코인이 대표적이다. 암호화 기술을 이용해 암호화폐라 부르지만 가상화폐, 디지털화폐, 가상자산 등 다양한 이름이 있다. 대부분 국가에서 화폐로 인정하지 않고 있지만 온라인에서는 결제 수단으로 사용되고 있다.

나다로 이민을 간 그는 컴퓨터공학자였던 아버지 덕에 일찍이 컴퓨터를 접했다. 이후 그는 천재성을 유감없이 발휘하기 시작했다. 무려 7세에 마이크로소프트 엑셀의 모든 기능을 익히고 게임을 만들기 위해 코딩을 독학했다.

중학생이 된 부테린은 여느 또래처럼 온라인 게임에 푹 빠져 살았다. 하지만 어느 날 게임 제작사가 부테린이 아끼던 캐릭터의 기능을 없애 버렸고 실망한 그는 게임을 접었다. 이후 아버지로부터 암호화폐인 비트코인을 듣게 된 부테린은 비트코인의 매력에 푹 빠져들었다. 게임은 회사 마음대로 좌지우지할 수 있지만 비트코인은 주인이 없어서 그럴 수 없다는 점이 가장 큰 매력이었다.

2012년 부테린은 컴퓨터과학을 공부하기 위해 캐나다 워털루 대학교에 입학했다. 하지만 그의 관심은 학업이 아닌 비트코인과 창업에 쏠려 있었다. 비트코인을 파고들수록 더 나은 암호화폐를 만들어 세상을 바꾸고 싶다는 열망은 강해졌다. 결국 부테린은 학교를 그만두고 암호화폐 개발에 본격적으로 뛰어들었다.

부테린은 비트코인을 잇는 차세대 암호화폐로 이더리움을 개발하기 시작했다. 물론 혼자는 아니었다. 앤서니 디 이오리오, 조지프 루빈 등 암호화폐가 바꿀 미래를 내다본 이들이 부테린과 뜻을 함께했다. 머지않아 그들은 이더리움을 시장에 내놓았다. 2014년 11월, 부테린은 신기술 분야의 노벨상이라고 부르는 '월드 테크놀로지 어워드'를 IT 소프트웨어 부문에서 수상했다. 경쟁 후보였던 페이스북 창업자 마크 저커버그를 제친 수상이었기에 많은 관심을 모았다. 이후 부테린은 다시 한번 세상을 놀라게 했다. 판매 당시 개당 300원이었던 이더리움의 가격이 500만 원에 육박했기 때문이다. 그가 지닌 이더리움 33만 개는 약 1조 6,000억 원에 달한다. 부테린은 이더리움으로 27세에 억만장자가 됐다.

여기까지만 보면 도대체 뭐가 어떻게 된 일인지 어리둥절할 것이다. 암호화폐가 뭐길래 세상을 바꿀 수 있다는 것일까? 비트코인은 뭐고 또 이더리움은 뭘까? 300원짜리 이더리움은 어떤 가치가 있기에 500만 원이 됐을까? 암호화폐에 대한 여러 가지 궁금증을 해결해 보자.

암호화폐, 그것이 알고 싶다

오늘날 우리가 미국에 돈을 보내려면 다음 과정을 거쳐야 한다. 우선 우리나라 은행에서 원화를 달러로 환전한다. 다음으로 계좌번호를 입력해 미국 은행으로 송금한다. 이틀 정도 기다리면 송금이 완료된다. 무엇이든 빠른 현대 사회와 어울리지 않게 과정이 상당히 번거롭다. 그런데 은행을 거치치 않고 즉시 돈을 보낼 수 있는 방법이 있다. 바로 블록체인 기술이다.

　은행이나 신용카드 회사 같은 기존 금융기관은 거래 내역이 기록된 장부를 안전하게 보관하는 것이 중요하다. 그래서 수많은 전문가를 고용하고 보안 기술을 적용해 중앙 서버에 장부를 보관한다. 이 방식은 막대한 돈이 들기 마련이다. 블록체인 기술을 활용하면 정보를 저장하기 위해 거대한 중앙 서버를 둘 필요가 없다. 거래 내역은 암호화돼서 하나의 블록이 되고 기존 블록에 사슬(체인)처럼 연결된다. 이 블록들은 모든 사람의 컴퓨터에 자동으로 기록된다.

　블록체인 기술로 유명해진 암호화폐가 바로 비트코인이다. 비트코인은 2009년 사토시 나카모토라는 사람이 만들었다고 알려져 있다. 그런데 그의 신상은 철저히 베일에 가려져 있다. 그가 일본인인지 아닌지, 개인인지 단체인지, 살았는지 죽었는지 아무도 모른다. 어쨌든 그가 새로운 화폐를 구상하고 세상을 바꾼 천재 프로그래머라는 사실은 분명하다.

　1세대 암호화폐인 비트코인은 완벽하지 않았다. 비트코인 블록은 10분에 하나씩 생성되는데 한 블록의 사이즈가 작은 탓에 거래 시간이 길었다. 또한 비트코인은 결제나 송금 같은 단순한 금융거래에만 사용할 수 있었다. 부테린은 여기서 한 걸음

이더리움 로고

이더리움은 암호화폐 시장 진출 2년 만에 2위로 올라섰다.

더 나아가 비트코인에 없는 핵심 기능을 더했다. 블록체인을 통해 자동으로 계약이 이루어지는 '스마트 콘트랙트' 기능이다. 이더리움에 프로그래밍 언어를 입력하면 온라인에서 어떤 계약도 할 수 있다. 덕분에 이더리움을 활용한 각종 게임과 앱을 개발할 수 있었다. 그래서 비트코인이 '전화기'라면 이더리움은 '스마트폰'이라 비유한다. 이후 수많은 암호화폐가 이더리움을 기반으로 만들어졌다. 지금은 전 세계에 1만 개가 넘는 암호화폐가 유통되고 있다.

일반화폐와 암호화폐는 어떤 차이가 있을까? 첫 번째로 가

비탈릭 부테린

장 큰 차이는 돈을 관리하는 기관의 유무다. 일반화폐는 중앙기관이 있다. 우리나라에서는 한국은행이 그 일을 한다. 경제 상황에 비추어 돈을 얼마나 찍을지 정하고, 시중에 풀린 돈의 양을 조절한다. 반면에 암호화폐는 이러한 중앙기관이 없다. 그래서 얻는 방법이 조금 독특하다. 성능 좋은 컴퓨터로 수학 문제를 풀면 누구나 얻을 수 있다. 이를 광산에서 보석을 캐는 과정에 비유해 '채굴'이라 표현한다. 문제는 일반 PC 1대로 5년이 걸려야 풀 수 있을 만큼 까다롭다.

두 번째 차이는 국경의 유무다. 일반화폐는 나라마다 쓰는 종류가 제각각이고 가치도 다르다. 그래서 미국 돈과 우리나라 돈을 교환할 때는 환율을 계산한다. 그러나 암호화폐는 국경이 없다. 인터넷 세상에서 유통되므로 세계 어디서나 가치가 동일하다. 당연히 번거로운 환전 과정도 생략된다.

블록체인 기술의 경제적 가치는 측정하기 어려울 만큼 무궁무진하다. 데이터 위조가 어렵고 거래에 필요한 절차와 비용이 줄어드는 장점을 내세워 다양한 산업으로 뻗어 나가고 있다. 많은 사람이 블록체인 기술을 활용한 암호화폐의 가치를 높이 사고 있다. 이더리움의 가격이 1만 배 넘게 폭등한 것은 뜨거운 관심의 결과라고 할 수 있다.

과연 암호화폐는 기존의 화폐를 밀어내고 새로운 화폐로

자리매김할 수 있을까? 아니면 잠깐의 유행에 그쳐 사람들의 기억 속에서 잊혀 갈까?

끝나지 않은 암호화폐 논쟁

울릉도 앞바다에서 보물선이 발견된다면 믿을 수 있을까? 2018년 우리나라의 어느 회사가 러일전쟁 때 침몰한 돈스코이호를 찾았다고 발표했다. 당시 돈스코이호에는 150조 원에 달하는 보물이 실려 있다는 소문이 돌았다. 이 회사는 새로운 암호화폐를 발행해 배를 인양하는 데 필요한 돈을 모으겠다고 밝혔다.

회사의 말대로 정말 보물이 있다면 암호화폐 가격은 폭등할 터였다. 기대감에 들뜬 투자자들은 경쟁적으로 몰리기 시작했다. 결과는 어떻게 됐냐고? 보물선 소동은 회사의 사기극으로 밝혀졌다. 2,400여 명의 피해자와 90억 원의 피해액을 낳은 채 말이다.

돈스코이호 사건은 암호화폐를 둘러싼 사람들의 무분별한 관심을 잘 보여 준다. 비트코인과 이더리움이 만든 신화를 본 사람들은 암호화폐라면 묻지도 따지지도 않고 사들이는 지경에 이르렀다. 이러한 현상을 우려한 각국 정부가 암호화폐를 규제하고 나서자 투자자들은 거세게 반발했다. 과연 그들이 서로 주장하는 바는 무엇일까? 암호화폐 찬성파와 반대파의 입장을 들어 보자.

반대파   암호화폐를 화폐로 인정할 수 없습니다. 화폐는 이를 이용해 물건을 거래해도 문제가 없을 것이라는 믿음이 사람들 사이에 있어야 합니다. 우리가 사용하는 화폐는 중앙은행이 가치를 보장하니까 믿고 사용할 수 있지요. 하지만 암호화폐는 어떻습니까? 누구도 가치를 보장하지 못하니 수시로 가격이 올라갔다 떨어집니다. 암호화폐는 실체 없는 거품에 불과합니다. 오늘날 암호화폐 열풍은 17세기 **네덜란드 튤립 버블**과 다를 바 없지요.

찬성파   정부가 찍은 돈이라고 무조건 믿고 사용할 수 있는 것은 아닙니다. 아프리카 짐바브웨처럼 돈을 마구 찍어 내면 휴지 조각이 되기도 하는데 정부 보증이 무슨 소용입니까? 사토시 나카모토는 비트코인을 2,100만 개만 만들었습니다. 무한정 찍어 낼 수 있는 돈보다 훨씬 가치 있

💰 지식 더하기   ✕ ━ ⤢

네덜란드 튤립 버블

17세기 초 네덜란드에는 터키에서 수입한 튤립이 큰 인기였다. 튤립을 사들이면 큰 돈을 벌 수 있다는 소문이 돌자 사람들은 너도나도 튤립에 투자하기 시작했다. 그러자 튤립 가격은 집 한 채와 맞먹을 만큼 치솟았다. 하지만 머지않아 튤립의 인기는 시들해졌고 가격은 거품처럼 폭락했다. 세계 최초의 거품경제 현상으로 여겨진다.

어요. 옛사람들이 돌과 조개를 화폐로 썼듯이 우리가 돈이라고 믿고 쓰면 돈이 됩니다. 참고로 엘살바도르는 자국 화폐의 값어치가 땅바닥으로 떨어지자 비트코인을 법정화폐로 채택했습니다.

반대파 암호화폐는 범죄에 악용되기 쉽습니다. 일반 금융거래와 달리 암호화폐 거래는 익명으로 이루어집니다. 따라서 해킹 같은 사이버 범죄에 사용돼도 범죄자를 추적하기 어렵습니다. 암호화폐는 '미래 돈'이 아니라 '검은 돈'이라는 표현이 더 어울리겠네요.

찬성파 물론 범죄에 악용될 소지도 있습니다. 하지만 사회 발전에 기여할 가능성이 훨씬 더 큽니다. 인터넷이 처음 만들어진 건 1960년대입니다. 사람들에게 쓰이기 시작하고 세상을 바꾼 건 그로부터 30년 후의 일이지요. 암호화폐 역시 마찬가지입니다. 지금 암호화폐는 태어난 지 10년밖에 되지 않았으니 성장통을 겪는 게 당연합니다. 암호화폐를 기반으로 다양한 서비스가 개발되면 세상은 지금과 또 다른 모습이 될 겁니다. 물론 그 혜택은 우리 인류가 누리게 될 것이고요.

비탈릭 부테린

반대파 누구나 마음만 먹으면 블록체인 기술로 암호화폐를 만들 수 있습니다. 이 말은 사기꾼도 마음만 먹으면 얼마든지 암호화폐를 돈벌이에 이용할 수 있다는 뜻입니다. 돈스코이호 사건을 보세요. 암호화폐 시장을 지금처럼 내버려 두면 피해자가 계속 생겨날 것입니다. 그러니 정부 차원에서 강하게 규제해야 합니다.

찬성파 누구나 만들 수 있기에 진정한 자본주의를 실현할 수 있는 것 아닐까요? 오늘날 돈과 관련된 결정은 소수의 권력가에 의해 이루어집니다. 당연히 의사결정 권한이 있는 사람에게 더 많은 혜택이 돌아가므로 불평등은 심해집니다. 암호화폐를 통해 우리는 좀 더 공평한 자본주의를 꿈꿀 수 있습니다.

새로운 변화가 생겨날 때는 언제나 혼란이 따라왔다. 그리고 혼란 속에는 늘 기회가 숨어 있었다. 부테린은 블록체인 기술에 숨어 있는 기회를 잡았고 부와 명예를 거머쥐었다. 그러나 현실에 안주하지 않고 건강한 암호화폐 세상을 만들어 나가는 데 열심이다. 최근에는 NFT로 발행되는 미국의 시사주간지 〈타임〉의 첫 표지 모델이 되기도 했다. 부테린은 암호화폐가 투기와 범죄에 악용되는 현실을 비판하면서 이러한 약점을 보완한 이더리움을 개발하기 위해 힘을 쏟고 있다.

암호화폐가 정말 세상을 바꿀 수 있을까? 장밋빛 미래를 꼭 꿈꿀 필요는 없다. 중요한 것은 새로이 피어나는 산업에 관심을 기울이는 태도다. 이를 통해 부테린처럼 삶을 풍요롭게 만드는 다양한 기회를 발견할 수 있을 것이다.

NFT 시장

평범한 중학생의 그림이 인터넷에서 1,000만 원에 팔렸다면 믿을 수 있을까? 실제로 그런 일이 일어났다. 이야기의 주인공은 '아트띠프'라는 이름으로 활동하는 NFT 아티스트다. 유명 작가도 아닌 중학생의 작품이 거액에 팔렸다는 소식에 사람들은 놀라움을 감추지 못했다.

NFT(Non-Fungible Token)는 우리말로 '대체 불가능한 토큰'이라는 뜻이다. 친구들에게 공유한 우리 집 고양이 사진이 인터넷에 널리 퍼졌다고 하자. 지금까지는 원본과 복사본을 구분할 수 없었다. 하지만 블록체인 기술을 이용하면 원본에 고유 번호를 붙일 수 있다. 덕분에 아무리 많이 복제되더라도 원본을 명확히 밝힐 수 있다.

유명 인사나 기업만 NFT를 이용해 돈을 벌 수 있는 게 아니냐고? 그렇지 않다. 디지털 예술을 NFT로 발행하고 판매하는 것을 '민팅'이라고 한다. 민팅은 남녀노소 누구나 쉽게 할 수 있다. NFT 판매 사이트에 이미지를 업로드하고 가격을 설정해 올리면 끝이다.

모두가 NFT를 긍정적으로 바라보는 것은 아니다. 어떤 이들은 무한 복제가 가능한 인터넷에서 작품을 소유하는 건 아무 의미도 없다고 말한다. 거래 수단인 암호화폐의 가격이 불안정하다는 비판의 목소리도 높다. 많은 이들의 열광과 우려 속에서 NFT 시장은 폭발하듯 성장하고 있다. 이제 우리 모두 NFT 작품을 만들고 하나쯤 소장하는 세상이 성큼 다가와 있다.

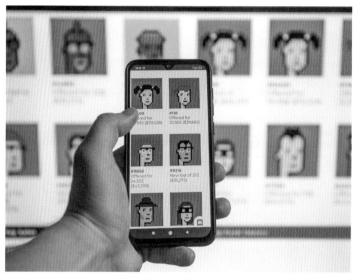

가장 오래된 NFT 프로젝트로 꼽히는 크립토펑크

경제사를 알면
경제가 다르게 보인답니다

Q1.

이 책에는 18세기부터 21세기까지 다양한 인물이 등장합니다. 모두 이름만 들으면 알 만큼 유명한 사람들인데요. 경제학자, 기업가, 정치인, 프로그래머까지 직업과 분야도 제각각이에요. 이렇게 다양한 배경을 가진 인물들을 선택하신 이유가 있을까요?

경제란 살아 움직이는 퍼즐이라 할 수 있어요. 셀 수 없을 만큼 수많은 퍼즐 조각이 얽히고설켜 있죠. 사람들은 누구나 퍼즐 한 조각씩 갖고 있어요. 하지만 그 크기는 전부 다릅니다. 세상에 미치는 영향력이 클수록 퍼즐의 크기도 커져요. 경제학을 연구해서 국가 정책을 바꾸고, 새로운 기술을 개발해서 인류 문명을 발전시키고, 뛰어난 정치를 해서 국가의 미래를 바꾸고, 엄청난 기업을 만들어 온 세상을 뒤흔든 인물이라면 당연히 평범한 인물들보다 퍼즐 조각이 클 수밖에 없겠죠. 이렇게 큰 퍼즐 조각을 지닌 인물을 소개하려다 보니 자연스레 다양한 시대와 배경 그리고 직업을 가진 이들을 고르게 됐답니다.

Q2.

수많은 인물 중에서 12명만 고르는 데도 고민이 많으셨을 듯해요. 아쉽게 빠진 인물이나 더 다루고 싶으셨던 내용이 있을까요?

세계적인 금융 가문 로스차일드가 있습니다. 가문을 일군 메이어 암셸 로스차일드는 다섯 아들을 유럽 전역으로 보내 각자 사업을 펼치도록 했습니다. 형제는 서로 정보를 주고받으며 막대한 부를 쌓았어요. 오늘날 세계를 넘나드는 다국적 금융산업은 이렇게 시작했지요. 로스차일드 가문은 전쟁으로 폭락한 국가의 채권을 사들여 막대한 돈을 벌었고, 산업혁명 초기에는 철도산업의 잠재력을 알아챈 뒤 적극적으로 사업에 진출했어요. 나라 없이 떠돌던 유대인이 이스라엘을 건국하는 데 막대한 자금을 지원했을 뿐 아니라 수에즈 운하를 사는 돈을 빌려주어 영국 정부의 해외 진출을 돕기도 했지요. 로스차일드 가문의 발자국을 보면 돈의 흐름을 냉철히 판단하는 통찰력을 엿볼 수 있답니다.

Q3.

12명의 인물 중 청소년에게 가장 소개하고 싶은 인물이 있다면요?

저는 마윈을 가장 소개하고 싶어요. 사람에게는 누구나 태어나면서부터 갖게 되는 조건이 있어요. 가정환경이나 재능처럼요. 타고난 조건이 불리한 사람들은 자기 자신을 한계에 가두곤 해요. '나는 집이 부유하지 않으니 성공하기 힘들 거야'라든가 '나는 머리가 좋지 않아서 어차피 안 돼'라고요. 하지만 악조건 속에서도 충분히 성공할 수 있다는 걸 보여 준 사람이 마윈이에요. 마윈은 호감을 사는 외모도, 든든한 집안도, 천재적인 능력도 없었지만 신세를 마냥 한탄하지 않았어요. 오히려 자신의 운명을 긍정적이고 적극적으로 개척해 나갔죠. 타고난 조건에 얽매이기보다 스스로 바꿀 수 있는 것에 집중한 마윈의 태도를 기억했으면 좋겠어요.

Q4.

요즘에는 부모의 지원을 받아 10대가 직접 주식을 하는 경우가 많습니다. 10대를 위한 재테크 책들도 많이 나오고 있고요. 이런 흐름과 반대로 학교 현장에서 매일 청소년을 만나는 선생님께서 경제사를 소개하는 책을 쓰시게 된 계기가 궁금합니다.

사람들은 돈을 더 많이 벌기 위해 재테크를 해요. 그러려면 돈을 알아야 하죠. 돈은 역사 속 어디에나 있었고 상황에 따라 이리저리 변했어요. 소수는 돈의 흐름을 빠르게 파악하고 현명한 결정을 내린 덕분에 성공했어요. 하지만 대부분은 잘못된 결정을 내리거나 기회를 놓쳐 버리기 일쑤였지요. 역사는 반복된다는 사실을 알고 있나요? 우리가 지금 겪고 있거나 앞으로 마주할 상황은 이미 비슷한 모습으로 과거에 있었을 가능성이 높아요. 그러니 역사를 꿰뚫어 볼 수 있다면 어떤 상황이 일어났을 때 돈이 어디로 흘러갈지, 어떤 선택을 내려야 하는지 알 수 있어요. 단순히 돈 버는 방법을 알려 주는 재테크 책을 읽는 것보다 훨씬 가치 있고 중요한 일이라 생각해요.

Q5.

세계대전, 석유파동 등 과거에도 오늘날 코로나19처럼 세계 경제를 뒤흔든 사건이 있었습니다. 이 책의 인물들은 저마다의 해법으로 세계 경제에 새 길을 열었고요. 이들이 위기를 기회로 바꿀 수 있었던 비결은 무엇일까요?

첫째는 유연함이에요. 위기를 기회로 바꾼 사람들은 편견에 사로잡히거나 자신의 관점만 고집하지 않았어요. 이들은 여러 방면에서 상황을 바라볼 줄 아는 유연함을 가졌다는 공통점이 있어요. 둘째는 빠른 실행력이에요. 우왕좌왕하거나 고민만 하다 보면 문제를 해결할 타이밍을 놓치기 쉬워요. 침착하게 고민하되 빠르게 결정을 내리고 행동하는 게 중요해요. 셋째는 확신이에요. 프랭클린 루스벨트는 뉴딜을 추진하며 사회주의자라는 비난을 들어야 했어요. 일론 머스크는 투자자들의 숱한 거절을 견뎌야 했고요. 하지만 자신의 생각에 확신이 있었기 때문에 각종 고난에도 흔들리지 않았어요. 만약 스스로 확신을 갖지 못한다면 주변의 온갖 부정적인 말과 방해에 흔들려 추진력을 잃고 말았을 거예요.

Q6.

데이비드 리카도, 앨프리드 마셜 등 많은 인물이 나 혼자만 잘사는 세상보다는 모두가 잘사는 세상을 위해 노력했습니다. 그들은 왜 가난한 사람을 위해 고민하고 목소리를 냈던 걸까요?

데이비드 리카도와 앨프리드 마셜은 자본주의 연구에 많은 시간을 쏟았어요. 그들은 사회 구석구석을 들여다보며 남들보다 일찍 깨달았을 거예요. 자본주의가 계속되기 위해서는 무엇보다 '균형'이 중요하다는 사실을요. 모든 일이 그렇듯 소수에게만 혜택이 모조리 돌아가선 안 돼요. 혜택을 받지 못한 사람들은 자연스레 불만이 생기거든요. 불만이 쌓일수록 사회는 불안정해지고 나아가 붕괴될 수 있어요. 이런 사회에서는 돈이 많더라도 행복할 수 없어요. 아무리 능력에 따라 돈을 버는 자본주의라 해도 되도록 모두에게 혜택이 고루 돌아가야 해요. 그래야 우리 모두 안정된 사회 안에서 행복한 삶을 꾸려 나갈 수 있으니까요.

Q7.

전기차, 암호화폐, NFT 등 미래 먹거리로 주목받는 분야에서 매일같이 혁신이 일어나고 있습니다. 이런 변화는 기회인 동시에 위협이기도 합니다. 어느 때보다 큰 변화를 앞둔 지금, 미래 경제를 이끌어 갈 청소년에게 한마디 부탁드립니다.

인류 문명은 0.1퍼센트의 천재가 아이디어를 내면 0.9퍼센트의 안목 있는 사람들이 동참하며 발전합니다. 이 말은 세계적인 경제학자 제러미 리프킨이 한 말이에요. 그럼 나머지 99퍼센트는 어떨까요? 1퍼센트가 내놓은 새로운 생각과 행동에 별다른 관심이 없거나 의심을 가져요. 심지어 조롱하기도 하죠. 이들은 1퍼센트가 세상을 바꾸고 나서야 뒤늦게 그 가치를 알아차려요. 우리 대부분은 천재가 아니에요. 하지만 낙담하지는 마세요. 안목 있는 0.9퍼센트가 될 수는 있으니까요. 우리는 새로운 기술과 변화에 마음을 열고 관심을 가져야 해요. 익숙하지 않다는 이유로 외면한다면 어떤 기회도 잡을 수 없어요. 변화 속에 기회가 있어요. 변화에 귀 기울인다면 누구나 기회를 잡을 수 있답니다.

책

린다 유, 안세민 옮김, 《위대한 경제학자들의 대담한 제안》, 청림출판, 2020

성소라·롤프 회퍼·스콧 맥러플린, 《NFT 레볼루션》, 더퀘스트, 2021

애슐리 반스, 안기순 옮김, 《일론 머스크, 미래의 설계자》, 김영사, 2015

이병철, 《호암자전》, 나남출판, 2014

전국역사교사모임, 《살아있는 세계사 교과서 1》, 휴머니스트, 2005

차명수, 《금융 공황과 외환 위기, 1870-2000》, 아카넷, 2004

코인 트레이너, 《비트코인에 가려진 세상, 이더리움》, 지식오름, 2022

토드 부크홀츠, 류현 옮김, 《죽은 경제학자의 살아있는 아이디어》, 김영사,
   2009

피터 자이한, 홍지수·정훈 옮김, 《21세기 미국의 패권과 지정학》, 김앤김북스,
   2018

홍춘욱, 《50대 사건으로 보는 돈의 역사》, 로크미디어, 2019

사진 출처

6쪽　앨프리드 마셜, 《경제학 원리》 출간 ⓒDipsey; 위키미디어

6쪽, 18쪽　ⓒDanielle Jansen; 위키미디어

6쪽, 33쪽　ⓒNicolás Pérez; 위키미디어

35쪽　ⓒHoward Lake; 플리커

60쪽　ⓒJohn Jabez Edwin Mayall, Olga Shirnina; 위키미디어

64쪽　ⓒDudva; 위키미디어

참고 자료

애덤 스미스 씨, 경제를 부탁해!

**국부론부터 암호화폐까지
인물로 읽는 경제사**

초판 1쇄   2022년 4월 29일

지은이   박정현

펴낸이   김한청
기획편집   원경은 김지연 차언조 양희우 유자영 김병수
마케팅   최지애 현승원
디자인   이성아 박다애
운영   최원준 설채린

펴낸곳   도서출판 다른
출판등록   2004년 9월 2일 제2013 - 000194호
주소   서울시 마포구 양화로 64 서교제일빌딩 902호
전화   02 - 3143 - 6478   팩스 02 - 3143 - 6479   이메일 khc15968@hanmail.net
블로그   blog.naver.com/darun_pub   인스타그램 @darunpublishers

ISBN   979-11-5633-453-8 (44000)
         979-11-5633-437-8 (세트)